동양북스 외국어
베스트 도서
700만 독자의 선택!

새로운 도서,
다양한 자료
동양북스
홈페이지에서
만나보세요!

www.dongyangbooks.com
m.dongyangbooks.com

※ 학습자료 및 MP3 제공 여부는 도서마다 상이하므로 확인 후 이용 바랍니다.

홈페이지 도서 자료실에서 학습자료 및 MP3 무료 다운로드

PC

❶ 홈페이지 접속 후 도서 자료실 클릭
❷ 하단 검색 창에 검색어 입력
❸ MP3, 정답과 해설, 부가자료 등 첨부파일 다운로드
    * 원하는 자료가 없는 경우 '요청하기' 클릭!

MOBILE

* 반드시 '인터넷, Safari, Chrome' App을 이용하여 홈페이지에 접속해주세요. (네이버, 다음 App 이용 시 첨부파일의 확장자명이 변경되어 저장되는 오류가 발생할 수 있습니다.)

❶ 홈페이지 접속 후 ☰ 터치

❷ 도서 자료실 터치

❸ 하단 검색창에 검색어 입력
❹ MP3, 정답과 해설, 부가자료 등 첨부파일 다운로드
    * 압축 해제 방법은 '다운로드 Tip' 참고

새로운

| 일본어뱅크 |

아나타노 일본어 1

박경연 · 다이쿠 구미코 · 하시모토 노리코 지음

동양북스

새로운

아나타노
일본어 1

초판 5쇄 | 2023년 3월 15일

지은이 | 박경연, 다이쿠 구미코, 하시모토 노리코
발행인 | 김태웅
편　집 | 길혜진, 이선민
디자인 | 남은혜
마케팅 | 나재승
제　작 | 현대순

발행처 | (주)동양북스
등　록 | 제 2014-000055호
주　소 | 서울시 마포구 동교로22길 14 (04030)
구입 문의 | 전화 (02)337-1737　　팩스 (02)334-6624
내용 문의 | 전화 (02)337-1762　dybooks2@gmail.com

ISBN 979-11-5768-343-7 14730
　　　 979-11-5768-342-0 (세트)

이 도서의 국립중앙도서관 출판예정도서목록(CIP)은 서지정보유통지원시스템 홈페이지(http://seoji.nl.go.kr)와 국가자료공동목록시스템
(http://www.nl.go.kr/ kolisnet)에서 이용하실 수 있습니다.
(CIP제어번호:CIP2018001764)

머리말

일본어를 처음 배우고자 하는 사람에게 어떻게 접근하면 좋을까?

매 학기 늘 조급강의를 시작하면서 하는 고민입니다. 하고자 하는 의욕이 있는 학생에게는 좀 더 다가가기 쉽지만 필요에 의해 또는 어쩔 수 없이 학점을 취득해야만 하는 상황에서 일본어학습을 시작하는 학습자를 어떻게 하면 일본어의 매력에 빠지게 할 수 있을지에 대해 연구하게 됩니다.

정확히 25년 전에 일본어를 처음 시작했을 때의 저 자신을 돌아보곤 합니다.

좀 더 효과적인 방법으로 접근해서 좀 더 효율적인 결과를 낼 수 있는 방법이었다면 좋았을 텐데라는 후회는 늘 하곤 합니다. 지금도 좀 더 나은 일본어 표현을 하기 위한 학습방법에 대한 노력과 고민은 계속되고 있습니다. 시행착오를 거쳐 언제나 조금씩은 발전하고 있습니다. 노력만 하면 잘할 수 있다는 말은 맞습니다. 그러나 같은 노력과 시간으로 방법을 달리 함으로써 더 나은 결과를 낳을 수 있다는 것도 명확한 사실입니다.

일본어를 처음 시작하는 학습자에게 미치는 여러 가지 요소 중에서 3가지 요인이 결과에 큰 영향을 미친다고 볼 수 있습니다. 이 중요한 3가지 요인은 학습자의 자세, 강사의 능력, 교재의 적합성에 있다고 할 수 있습니다. 강의를 함에 있어서 강사의 능력에 따라 학습자의 노력 여하에 따라 결과는 다르나 우선 교재를 보았을 때 흥미를 유발할 수 있는 교재가 초급학습자에게는 더욱 중요한 요소가 됩니다.

현대에는 어학교육에 있어서 과거보다 더 시청각 교육이 강조되고 있습니다. 과거와 달리 시청각매체를 접하는 기회도 많아짐으로써 자연스럽게 시청각 교육이 큰 효과를 발휘하게 된 것입니다. 본 교재는 어학 학습을 함에 있어서 교재도 마찬가지로 이러한 시대에 부응하여 듣기 훈련뿐만 아니라 눈으로도 공부할 수 있는 시청각 학습에 초점을 맞추었습니다. 단어의 학습도 그림으로 연상하여 학습할 수 있도록 하고 본문 설정도 네 컷의 만화를 통하여 상황을 설정하였습니다. 혼자서도 공부하고 복습할 수 있도록 본문에 대한 번역문과 해설도 첨가하였습니다. 학습한 부분을 복습하기 위한 드릴, 연습문제, 게임 등에서도 단어와 본문에 사용된 그림을 다시 사용함으로써 연상하여 복습할 수 있도록 구성하였습니다.

본 교재를 통하여 일본어를 시작하는 모든 학습자에게 바라는 목표 꼭 이루어 무궁한 발전이 있기를 기원합니다. 지금까지 함께 했던 나의 학생들, 앞으로도 만남을 기다리고 있는 나의 학생들과 이 교재의 탄생을 위해 고통과 즐거움을 함께한 동양문고의 대표님, 김연하 차장님을 비롯한 출판사 가족, 도움을 주신 모든 분들께 진심으로 감사의 마음을 보냅니다.

박경연 · 다이쿠 구미코 · 하시모토 노리코

차례

낱말과 표현

각 과에서 등장하는 주요 낱말들을 그림으로 표현하여 쉽고 재미있게 일본어를 외울 수 있습니다.

짤막 대화

본문의 대화를 4컷의 삽화와 더불어 짧고 간결하게 구성하여 학습에 대한 부담을 줄이고 각 상황에 맞는 회화를 익힐 수 있습니다.

본문 설명

회화에서 등장한 문법과 문형을 알기 쉽게 설명하여 중요 표현들을 공부할 수 있습니다.

말하기 연습

각자 역할을 맡아 일본어로 말하기 연습을 하며 앞에서 배웠던 중요 문법과 문형을 응용해 보는 페이지입니다.

듣기 문제

리스닝 속 일본인 성우의 발음과 대화를 유의하여 듣고 문제를 풀어 보는 페이지로, 청취력을 높일 수 있습니다.

GAME/COLUMN

쉬어가기 코너로 일본문화에 대해 알아 보고 게임을 통해 재미있게 일본어를 공부할 수 있습니다.

연습 문제

한 과를 마무리하는 페이지로, 다양한 문제들을 풀어 보며 중요 표현에 대한 복습과 더불어 자기 실력을 체크할 수 있습니다.

01 キム ジナ (김지나)

한국인 유학생. 대학생

02 ジェレミー ジョーンズ (제레미 존스)

호주인 유학생. 대학생

03 지나의 일본 홈스테이 가족

<small>にしかわつとむ</small>
西川勉 (니시카와 츠토무) 아버지, 회사원

<small>にしかわゆう こ</small>
西川友子 (니시카와 유코) 어머니, 주부

<small>にしかわとおる</small>
西川徹 (니시카와 토오루) 아들, 대학생

04 일본어학교

<small>なかざわ</small>
中沢 (나카자와)

일본어학교 교사

アリヤ (아리야)

일본어학교 친구, 타이인

01 문자와 발음 上

히라가나

Track 02

오십음도 (五十音図) 오십음도란 일본어의 문자를 일정한 순서에 따라서 5개의 단(段)과 10개의 행(行)으로 배열해 놓은 도표이다.

● 히라가나 오십음도와 자원

행 \ 단	あ	い	う	え	お
あ	安 あ [a]	以 い [i]	宇 う [u]	衣 え [e]	於 お [o]
か	加 か [ka]	幾 き [ki]	久 く [ku]	計 け [ke]	己 こ [ko]
さ	左 さ [sa]	之 し [shi]	寸 す [su]	世 せ [se]	曽 そ [so]
た	太 た [ta]	知 ち [chi]	川 つ [tsu]	天 て [te]	止 と [to]
な	奈 な [na]	仁 に [ni]	奴 ぬ [nu]	祢 ね [ne]	乃 の [no]
は	波 は [ha]	比 ひ [hi]	不 ふ [fu]	部 へ [he]	保 ほ [ho]
ま	末 ま [ma]	美 み [mi]	武 む [mu]	女 め [me]	毛 も [mo]
や	也 や [ya]		由 ゆ [yu]		与 よ [yo]
ら	良 ら [ra]	利 り [ri]	留 る [ru]	礼 れ [re]	呂 ろ [ro]
わ	和 わ [wa]				遠 を [o]
	无 ん [n]				

● 가타카나 오십음도와 자원

행 \ 단	ア	イ	ウ	エ	オ
ア	阿 ア [a]	伊 イ [i]	宇 ウ [u]	江 エ [e]	於 オ [o]
カ	加 カ [ka]	幾 キ [ki]	久 ク [ku]	介 ケ [ke]	己 コ [ko]
サ	散 サ [sa]	之 シ [shi]	須 ス [su]	世 セ [se]	曽 ソ [so]
タ	多 タ [ta]	千 チ [chi]	川 ツ [tsu]	天 テ [te]	止 ト [to]
ナ	奈 ナ [na]	二 ニ [ni]	奴 ヌ [nu]	祢 ネ [ne]	乃 ノ [no]
ハ	八 ハ [ha]	比 ヒ [hi]	不 フ [fu]	部 ヘ [he]	保 ホ [ho]
マ	万 マ [ma]	三 ミ [mi]	牟 ム [mu]	女 メ [me]	毛 モ [mo]
ヤ	也 ヤ [ya]		由 ユ [yu]		与 ヨ [yo]
ラ	良 ラ [ra]	利 リ [ri]	流 ル [ru]	礼 レ [re]	呂 ロ [ro]
ワ	和 ワ [wa]				乎 ヲ [o]
	尓 ン [n]				

일본어의 문자는 히라가나, 가타카나, 한자를 사용하여 표기한다. 원래 일본어 문자란 전래된 한자를 이용하여 문자화한 것으로 한자의 의미와는 관련 없이 한자의 음만 빌려서 일본어 문자의 소리를 표기화하였다. 앞의 오십음도 도표에서 보이는 바와 같이 한자의 형태를 간략하게 하여 획을 빌려서 문자화한 것이 히라가나와 가타카나이다.

(1) 히라가나

히라가나는 일본어 표기에 있어서 기본적으로 사용되는 문자이다. 9세기 말경 만들어진 문자로 추정되며, 처음 문자가 만들어진 당시에는 주로 여성들에 의해 많이 사용되었다. 한자의 음을 기초로 만들어진 표음문자로 글자의 모양은 부드러운 곡선의 형태를 이루고 있다. 현재 사용되고 있는 문자는 46자이다.

(2) 가타카나

가타카나는 10세기경 만들어진 것으로 추정되며 외래어를 표기하는 문자이다. 외래어, 외국의 인명이나 지명 그 밖의 고유명사를 나타내며 의성어와 의태어, 강조하고자 하는 단어도 때로는 가타카나로 표기되는 경우가 있다. 가타카나는 원래 한자를 읽기 위한 필요성에 의해서 만들어진 문자이며 글자의 모양은 부드러운 곡선과 직선의 조합이라 할 수 있다. 가타카나의 자원에서 보여진 바와 같이 한자의 일부분을 이용하여 만들어진 문자이므로 히라가나에 비하여 획순이 간단한 것이 그 특징이다.

(3) 한자

한자는 일본어의 고유문자인 히라가나와 가타카나가 만들어지기 전부터 쓰여진 문자이다. 대부분이 한 글자에 한 음으로 이루어진 우리말의 한자와 비교해 일본어 한자는 한 글자를 음독과 훈독 등 여러 음으로 읽을 수 있으므로 한자학습에 유의하여야 한다. 현재 일본에서는 1945자의 상용한자를 제정하여 한자 사용의 기준으로 삼고 있다.

1. 청음 Track 03

あ행 일본어의 모음 う의 발음은 '우'와 '으'의 사이라 할 수 있으나 발음하기 어려우니 '우'를 발음하되 입술을 되도록이면 앞으로 내밀지 않도록 주의한나.

あ행	あ	い	う	え	お
	a	i	u	e	o

あい 사랑   いえ 집   うえ 위   え 그림   おい 조카

か행 우리말의 '가'와 '카'의 사이, [k]와 [g]의 사이, 탁음인 が행과의 구분을 위해 [k]에 가깝게 발음한다.

か행	か	き	く	け	こ
	ka	ki	ku	ke	ko

かお 얼굴   かき 감   きく 국화   いけ 연못   こ 아이

さ행 し의 발음은 [si]보다 [shi]에 가깝게, す는 '스'에 가깝게 발음한다.

さ행	さ	し	す	せ	そ
	sa	shi	su	se	so

あさ 아침   いし 돌   すし 초밥   せき 자리   うそ 거짓말

た행　ち의 발음은 [ti]보다 [chi]로 발음, 단어의 앞에 올 때는 '치'에 가깝게, 끝에 올 경우는 '찌'에 가까워진다.

た행	た	ち	つ	て	と
	ta	chi	tsu	te	to

たこ 문어　くち 입　つくえ 책상　ちかてつ 지하철　とし 나이

な행 우리말의 '나, 니, 누, 네, 노'와 거의 비슷한 발음이다.

な행	な	に	ぬ	ね	の
	na	ni	nu	ne	no

なし 배　あに 형, 오빠　いぬ 개　ねこ 고양이　きのこ 버섯

は행 숨을 내쉬면서 발음한다. ふ의 발음은 [hu]보다 [fu]에 가깝게 하며 입김이 앞으로 나오듯이 발음한다.

は행	は	ひ	ふ	へ	ほ
	ha	hi	fu	he	ho

はな 꽃　ひと 사람　ふね 배　へそ 배꼽　ほし 별

ま행 우리말 '마, 미, 무, 메, 모'와 비슷해서 한국인에게는 어렵지 않은 발음이다.

| ま행 | ま
ma | み
mi | む
mu | め
me | も
mo |

うま 말　　うみ 바다　　むし 벌레　　あめ 비　　もち 떡

や행 일본어에서 や、ゆ、よ는 반모음이며, '야, 유, 요'로 발음한다.

| や행 | や
ya | ゆ
yu | よ
yo |

やま 산　　　　ゆき 눈　　　　よやく 예약

ら행 [r] 발음이며, [l]발음이 되지 않도록 주의한다.

| ら행 | ら
ra | り
ri | る
ru | れ
re | ろ
ro |

そら 하늘　　りす 다람쥐　　くるま 자동차　　れんこん 연근　　いろ 색깔

わ행&ん 를 목적격조사(을/를)로 사용하며, 발음은 お의 발음과 동일하다. ん은 발음편에서 다시 설명한다.

わ행	わ wa	を o	ん n

わたし 나.저   〜を ~을/를   きん 금

2. 탁음 Track 04 🎧

탁음은 글자의 오른쪽에 탁점 부호 「゛」를 붙여 사용한다. 오십음도 중에서 か、さ、た、は행에서만 나타난다. 청음이 성대를 울리지 않고 내는 소리라면 탁음은 성대를 울려 발음한다.

が행 우리말의 'ㄱ'과 비슷하나 성대가 울리는 느낌이 있어야 한다.

が행	が ga	ぎ gi	ぐ gu	げ ge	ご go

かがみ 거울   かぎ 열쇠   かぐ 가구   げた 나막신   まご 손자

ざ행 영어의 [z]와 같은 발음이다.

	ざ za	じ ji	ず zu	ぜ ze	ぞ zo

ひざ 무릎	ひじ 팔꿈치	ちず 지도	かぜ 바람	かぞく 가족

だ행 영어의 [d] 발음에 해당하며 ぢ、じ와 づ、ず는 구분하기 어려운 발음이다.

	だ da	ぢ ji	づ zu	で de	ど do

だいこん 무	はなぢ 코피	こづつみ 소포	そで 소매	まど 창문

ば행 우리말의 'ㅂ'과 비슷한 부드러운 발음이다.

	ば ba	び bi	ぶ bu	べ be	ぼ bo

ばら 장미	くび 목	ぶた 돼지	べんとう 도시락	つぼ 항아리

3. 반탁음

ぱ행 반탁음은 は행의 오른편에 반탁음 부호「 ゜」를 붙여서 사용한다. 영어의 [p] 발음에 가깝다.

ぱ행	ぱ pa	ぴ pi	ぷ pu	ぺ pe	ぽ po

でんぱ 전파   ぴかぴか 반짝반짝   せんぷうき 선풍기   ぺこぺこ 배가 몹시 고픔   さんぽ 산책

4. 요음   Track 05

や、ゆ、よ는 '야, 유, 요'의 발음이며 반모음으로 사용될 때는 다른 글자의 절반 크기로 써서 앞 글자와 함께 한 글자로 발음한다.

や ya	ゆ yu	よ yo

きゃく 손님   ちきゅう 지구   にんぎょう 인형

5. 촉음 (っ)

つ의 발음을 다른 글자의 절반 크기로 써서 앞 글자와 함께 한 글자로 읽어 주는데, 발음의 길이는 촉음 발음 후 한 박자 쉬어주므로 두 글자의 길이가 된다.

(1) [k] か행의 앞에 올 때 ㄱ 발음
　　せっけん 비누　　がっこう 학교

(2) [s] さ행의 앞에 올 때 ㅅ 발음
　　ざっし 잡지　　けっせき 결석

(3) [t] た행의 앞에 올 때 ㄷ 발음

　　はってん 발전　　きって 우표

(4) [p] ぱ행의 앞에 올 때 ㅂ·ㅍ 발음

　　いっぱい 가득　　きっぷ 표

6. 발음 (ん)

우리말의 받침과 같은 발음이라 생각해도 좋다. 발음의 종류는 크게 세 가지로 구분한다.
ㅁ, ㄴ, ㅇ의 세 가지 받침으로 구분할 수 있다. 이외에도 ㄴ과 ㅇ사이의 발음이 있다.

(1) [m] ん 뒤에 ま·ば·ぱ행이 올 때 ㅁ 발음

　　しんぶん 신문　　さんぽ 산책

(2) [n] ん 뒤에 さ·ざ·た·だ·な·ら행이 올 때 ㄴ 발음

　　せんせい 선생님　　あんない 안내

(3) [o] ん 뒤에 か·が행이 올 때 ㅇ 발음

　　かんこく 한국　　おんがく 음악

7. 장음

장음은 하나의 음으로 간주하여 길게 발음한다.

あ단　おばあさん 할머니

い단　おにいさん 오빠, 형

う단　ぼうし 모자

え단　おねえさん 언니, 누나

お단　こおり 얼음

02 문자와 발음 下
가타카나

가타카나는 외래어뿐만 아니라 최근에는 한자의 사용을 회피할 경우에도 쓰인다. 이 경우에 히라가나로 쓰면 의미를 파악하기 어려우므로 보기 쉽도록 가타카나로 표기하기도 한다. 이러한 경우에 한자보다 가타카나로 쓰면 주의를 끌 수 있는 효과가 있다고 할 수 있다.

가타카나라고 하면 외래어만을 표기한다고 하는 인상이 강하나 위에서 말한 바와 같이 외래어가 아닌 일본어의 표기를 하는 경우도 많다. 또한 외래어라고 하여도 이미 일본어화 된 것이 많아 발음도 일본어의 발음체계에 속해 있다는 것을 유의해야 할 것이다.

1. 청음 Track 06

ア행	ア a	イ i	ウ u	エ e	オ o

アイス 얼음   イヤリング 귀걸이   ソウル 서울   エアコン 에어컨   オムレツ 오믈렛

カ행	カ ka	キ ki	ク ku	ケ ke	コ ko

カメラ 카메라   スキー 스키   クリスマス 크리스마스   ケーキ 케이크   コアラ 코알라

サ 행	サ sa	シ shi	ス su	セ se	ソ so

サラダ 샐러드   シーソー 시소   スカート 스커트   セーター 스웨터   ソース 소스

タ 행	タ ta	チ chi	ツ tsu	テ te	ト to

タオル 타월   チキン 치킨   ツアー 투어   テレビ 텔레비전   トマト 토마토

ナ 행	ナ na	ニ ni	ヌ nu	ネ ne	ノ no

バナナ 바나나   テニス 테니스   カヌー 카누   ネクタイ 넥타이   ノート 노트

| ハ행 | ハ ha | ヒ hi | フ fu | ヘ he | ホ ho |

ハーモニカ 하모니카　コーヒー 커피　フラフープ 훌라후프　ヘア 헤어　ホテル 호텔

| マ행 | マ ma | ミ mi | ム mu | メ me | モ mo |

マイク 마이크　ミルク 밀크　ホームラン 홈런　メロン 메론　モノレール 모노레일

| ヤ행 | ヤ ya | ユ yu | ヨ yo |

ダイヤモンド 다이아몬드　ユニホーム 유니폼　ヨガ 요가

	ラ ra	リ ri	ル ru	レ re	ロ ro

ラジオ 라디오　**リボン** 리본　**ルーム** 룸　**レモン** 레몬　**ロープ** 로프, 밧줄

ワ행	ワ wa	ヲ o	ン n

ワルツ 왈츠　　　　　〜ヲ 〜을/를　　　　　ペン 펜

2. 탁음 Track 07

ガ행	ガ ga	ギ gi	グ gu	ゲ ge	ゴ go
ザ행	ザ za	ジ ji	ズ zu	ゼ ze	ゾ zo
ダ행	ダ da	ヂ ji	ヅ zu	デ de	ド do
バ행	バ ba	ビ bi	ブ bu	ベ be	ボ bo

ガム 껌   ヨーグルト 요구르트   バナナ 바나나   テレビ 텔레비전   ホットドッグ 핫도그

3. 반탁음

パ행	パ pa	ピ pi	プ pu	ペ pe	ポ po

パン 빵   ピザ 피자   ポスト 우편함

4. 요음

ヤ	ユ	ヨ
ya	yu	yo

キャッチボール 캐치볼　コンピューター 컴퓨터　チョコレート 초콜릿

5. 촉음 (ッ)

ベッド 베드, 침대　カップ 컵　クッキー 쿠키

6. 발음 (ン)

レストラン 레스토랑　トンネル 터널　ラーメン 라면

7. 장음 (ー)

가타카나의 장음 표기는 ー로 표기한다. 장음은 한 박자의 길이로 발음한다.

コーヒー 커피　カー 카, 자동차　ガール 걸, 소녀

03

あいさつ
인사

Key Words & Expressions

おはよう(ございます)
안녕하세요(아침인사)

こんにちは
안녕하세요(낮인사)

こんばんは
안녕하세요(저녁인사)

さようなら
안녕(헤어질 때)

はじめまして
どうぞよろしく(お願いします)
처음 뵙겠습니다
부디 잘 부탁드립니다

どうぞ/どうも
자, 어서/고맙습니다

おやすみ(なさい)
안녕히 주무세요

おめでとう(ございます)
축하합니다

いってきます/
いってらっしゃい
다녀오겠습니다/
다녀오세요

ただいま/
おかえり(なさい)
다녀왔습니다/
다녀오셨어요

いただきます
잘 먹겠습니다

ごちそうさま(でした)
잘 먹었습니다

ありがとう(ございます)/
いいえ、どういたしまして
감사합니다/아니요. 별 말씀을요

すみません/大丈夫です
미안합니다/괜찮습니다

おじゃまします
실례하겠습니다

しつれいします/どうぞ
실례하겠습니다/들어오세요

1 つとむ　キム・ジナさん。

　　ジナ　　はい、私です。
　　　　　　　わたし

2 ジナ　　はじめまして。キム・ジナです。

　　　　　どうぞよろしくお願いします。
　　　　　　　　　　　　　ねが

　　つとむ　はじめまして。西川・勉です。こちらこそ、
　　　　　　　　　　　　　にしかわ　つとむ

　　　　　どうぞよろしく。

③ つとむ　どうぞ、ジナさん。

ジナ　どうもありがとうございます。

④ つとむ　ただいま。

ゆうこ　おかえりなさい。

ジナ　おじゃまします。

1

A キム・ジナさん。

김지나 씨.

B はい、私_{わたし}です。

예,   　저예요.

さん 씨, 님. 일반적으로 상대방의 이름 뒤에 붙는 존칭이므로 자신의 이름 뒤에는 사용하지 않음

はい 예 (긍정의 표현) いいえ 아니요 (부정의 표현)

～です ～입니다

나, 저(1인칭)	너, 당신(2인칭)	그(3인칭)	그녀(3인칭)
私_{わたし}	あなた	彼_{かれ}	彼女_{かのじょ}

例 パクさん。大工_{だいく}さん。
　　大学_{だいがく}です。学生_{がくせい}です。

2

A はじめまして。キム・ジナです。

처음 뵙겠습니다.   　　김지나입니다.

どうぞ よろしく お願_{ねが}いします。

부디　　　　잘　　　　부탁드립니다.

B はじめまして。西川_{にしかわ}・勉_{つとむ}です。

처음 뵙겠습니다.   　니시카와 츠토무입니다.

こちらこそ、どうぞ よろしく。

저야말로　　　　잘　　　부탁드립니다.

こちらこそ 저야말로

例 はじめまして。パク・キョンヨンです。どうぞ よろしく お願_{ねが}いします。
　　- はじめまして。大工_{だいく}・久美子_{くみこ}です。こちらこそ、どうぞ よろしく。

낱말과 표현

大学_{だいがく} 대학 │ 学生_{がくせい} 학생

③

A どうぞ、ジナさん。
　　타세요,　　지나 씨.

B どうも　ありがとうございます。
　　대단히　　　　　감사합니다.

どうぞ 상대방에게 권유의 의미로 사용, '드세요, 하세요, 앉으세요' 등의 표현

どうも '감사합니다. 미안합니다. 실례합니다'를 간단히 생략한 표현
　　　　인사말 앞에 쓸 때는 그 뜻을 강조함

ありがとうございます　ありがとう만으로 사용할 때는 '고마워'의 의미
　　　　　　　　　　　외래어로는 サンキュー

 お茶、どうぞ。
　　　お先に、どうぞ。

④

A ただいま。
　　다녀왔습니다

C おかえりなさい。
　　다녀오셨어요.

B おじゃまします。
　　실례하겠습니다.

おじゃまします 실례하겠습니다. 타인의 방이나 집의 현관에 들어가면서 사용

しつれいします 실례하겠습니다. 가장 넓은 범위로 사용되는 일반적 표현

 ただいま。- おかえりなさい。
　　　いってきます。- いってらっしゃい。

お茶 (마시는) 차 ｜ お先に 먼저

말하기 연습 — Drills

*보기와 같이 이야기해 보세요.

①

보기

にしかわ です。

ジナ さんです。

① ソラ／ケビン　　　　② キム／パク

③ ドン／カリー　　　　④ 자신의 이름／친구의 이름

②

보기

はじめまして。 ジナ です。

どうぞ よろしく お願<ねが>いします。

① 　　　　　② 　　　　　③ 　　　　　④

クリス　　　　まさみ　　　　テリー　　　　ミン

③

A : にしかわ です。
どうぞ よろしく お願いします。

B : ジナ です。
こちらこそ、どうぞ よろしく
お願いします。

① ソラ／ケビン   ② キム／パク

③ ドン／カリー   ④ 자신의 이름／친구의 이름

보기

A : ありがとうございます。

B : いいえ、どういたしまして。

① ② ③ ④

ただいま   しつれいします   どうぞ   すみません
／おかえり   ／どうぞ   ／どうも   ／大丈夫です

03 あいさつ 인사　31

1 다음을 듣고 인물의 이름을 적어 보세요.

보기   ①   ②   ③

さいとう   _____   _____   _____

2 다음을 듣고 내용과 같은 상황의 그림을 고르세요.

A

(　　　　　)

B

(　　　　　)

C

(　보기　)

D

(　　　　　)

*그림을 보고 상황에 맞는 문장을 골라 연결해 보세요.

A

ただいま · · · 大丈夫です

B

ありがとうございます · · · どうぞ

C

いってきます · · · どうも

D

しつれいします · · · いいえ、どういたしまして

E

すみません · · · おかえりなさい

F

こんばんは · · · こんばんは

G

どうぞ · · · いってらっしゃい

일본의 화폐

일본의 화폐단위는 엔이고 표기는 円(えん), ￥ 으로 합니다.

동전은 1엔, 5엔, 10엔, 50엔, 100엔, 500엔의 종류가 있고 지폐에는 1000엔, 2000엔, 5000엔, 10000엔의 4종류가 있습니다.

1엔은 어린 나뭇가지가, 5엔은 농업과 공업을 상징하는 벼 이삭과 물, 톱니바퀴가 새겨져 있습니다. 10엔은 세계문화유산으로 지정된 평등원 봉황당이라는 절이, 50엔에는 국화꽃이 새겨져 있습니다. 100엔에는 벚꽃이, 500엔짜리 동전에는 오동나무가 새겨져 있습니다.

1000엔의 앞면에는 쇼와시대의 세균학자인 노구치 히데요(野口英世)가, 뒷면에는 일본의 대표적인 산인 후지산과 벚꽃이 그려져 있습니다. 2000엔의 앞면에는 1555년에 건립된 세계문화유산인 수리성의 슈레이몬(守礼門)이, 뒷면에는 일본의 유명한 소설 「겐지모노가타리(源氏物語)」의 작자인 무라사키 시키부(紫式部)가 등장합니다. 5000엔의 앞면에는 메이지시대의 여류소설가 히구치 이치요(樋口一葉), 뒷면에는 오가타 고린(尾形光琳)의 작품인 「제비붓꽃」이 있습니다. 10000엔의 앞면에는 메이지시대의 계몽사상가 후쿠자와 유키치(福沢諭吉), 뒷면에는 봉황이 그려져 있습니다.

ジナさんは大学生<ruby>大学生<rt>だい がく せい</rt></ruby>ですか。
지나 씨는 대학생입니까?

Track 14

낱말과 표현

Key Words & Expressions

韓国人 かんこくじん 한국인	 **日本人** に ほんじん 일본인	 **中国人** ちゅうごくじん 중국인	 **アメリカ人** じん 미국인
 **オーストラリア人** じん 호주인	**イギリス人** じん 영국인	**タイ人** じん 태국인	 **カナダ人** じん 캐나다인
 **学校** がっこう 학교	 **大学** だいがく 대학	 **大学生** だいがくせい 대학생	**電話番号** でん わ ばんごう 전화번호
 **会社員** かいしゃいん 회사원	 **先生** せんせい 선생님	 **高校生** こうこうせい 고등학생	 **主婦** しゅ ふ 주부

1 ジナ　ジェレミーさんはアメリカ人ですか。

ジェレミー　いいえ、私はアメリカ人じゃありません。

オーストラリア人です。

2 ジナ　すみません。

ジェレミー　いいえ、大丈夫です。

ジナさんは大学生ですか。

③ ジナ　　　　はい、そうです。２年生です。

ジェレミー　　あ、そうですか。私もです。

④ ジェレミー　　私の電話番号です。03-5168-2947。

どうぞ。

ジナ　　　　あ、どうもありがとう。

1

A ジェレミーさんは　アメリカ人ですか。
제레미 씨는　　　　　　미국인입니까?

B いいえ、私は　アメリカ人じゃありません。
아니요,　　저는　　　　미국인이　아닙니다.

オーストラリア人です。
호주인입니다.

〜は　〜은(는)

긍정	부정
〜です 〜입니다	〜じゃ(では)ありません　〜가(이) 아닙니다

＊일상회화에서는 〜じゃないです을 많이 사용하는 경향이 있음

〜ですか 〜입니까, です 뒤에 か를 붙이면 의문표현이 된다.

例 学校ですか。
会社員ですか。

2

A すみません。
미안합니다.

B いいえ、大丈夫です。ジナさんは　大学生ですか。
아니요,　　괜찮아요.　　지나 씨는　　대학생입니까?

例 パクさんは 先生ですか。
私は 韓国人です。

낱말과 표현

アメリカ人 미국인 ｜ オーストラリア人 호주인 ｜ 学校 학교 ｜ 会社員 회사원 ｜ 大丈夫だ 괜찮다
大学生 대학생 ｜ 先生 선생님 ｜ 韓国人 한국인

③

A はい、そうです。2年生です。
예,　　　그렇습니다.　　　2학년입니다.

B あ、そうですか。私もです。
아,　　　그렇습니까?　　　저도요.

～も ～도

숫자 읽기

1	いち	10	じゅう
2	に	20	にじゅう
3	さん	30	さんじゅう
4	し/よん/よ	40	よんじゅう
5	ご	50	ごじゅう
6	ろく	60	ろくじゅう
7	しち/なな	70	ななじゅう
8	はち	80	はちじゅう
9	きゅう/く	90	きゅうじゅう
10	じゅう	100	ひゃく

학년 읽기

1年生	2年生	3年生	4年生	5年生	6年生
いちねんせい	にねんせい	さんねんせい	よねんせい	ごねんせい	ろくねんせい

例 大学1年生です。
高校3年生です。

낱말과 표현
高校 고등학교

④

B 私の 電話番号です。03-5168-2947。どうぞ。
<ruby>私<rt>わたし</rt></ruby>の <ruby>電話番号<rt>でん わ ばんごう</rt></ruby>です。<ruby>03-5168-2947<rt>ぜろさん の ご いちろくはち の にきゅうよんなな</rt></ruby>。どうぞ。

저의　　　전화번호입니다.　　　　　03-5168-2947.　　　　받으세요.

A あ、どうも ありがとう。

아,　　　　　　고맙습니다.

~の ~의

전화번호를 읽을 때 '－'는 の라고 읽는다.

例 電話番号は５１８－４３２７です。
<ruby>電話番号<rt>でん わ ばんごう</rt></ruby>は<ruby>５１８－４３２７<rt>ご いちはち の よんさん に なな</rt></ruby>です。

일본의 지역 번호 예시

大阪(おおさか)	06	東京(とうきょう)	03
岡山(おかやま)	086	栃木(とちぎ)	028
岐阜(ぎふ)	058	長野(ながの)	026
京都(きょうと)	075	名古屋(なごや)	052
熊本(くまもと)	096	奈良(なら)	0742
札幌(さっぽろ)	011	新潟(にいがた)	025
埼玉(さいたま)	048	兵庫(ひょうご)	078
静岡(しずおか)	054	広島(ひろしま)	082
仙台(せんだい)	022	福岡(ふくおか)	092
千葉(ちば)	043	横浜(よこはま)	045

<ruby>電話番号<rt>でん わ ばんごう</rt></ruby> 전화번호

말하기 연습 Drills

*보기와 같이 이야기해 보세요.

①

보기

ジナさん は 韓国人(かんこくじん) です。

大学生(だいがくせい) です。

① クリス   ② まさみ   ③ グレン   ④ ミン

アメリカ人(じん)/会社員(かいしゃいん)   日本人(にほんじん)/高校生(こうこうせい)   イギリス人(じん)/先生(せんせい)   中国人(ちゅうごくじん)/主婦(しゅふ)

②

보기

A: ヘジュンさん は 日本人 ですか。

B: いいえ、 日本人 じゃありません。

韓国人 です。

① レナ   ② たかはし   ③ ベン   ④ マリア

カナダ人(じん)/アメリカ人   中国人/日本人   大学生/先生   会社員/主婦

❸

メアリーさん は アメリカ人 です。

ジョンさん も アメリカ人 です。

① ジュノ/サラン　②私(わたし)/ソラ　③ やまだ/スコット

韓国人(かんこくじん)　高校生(こうこうせい)　会社員(かいしゃいん)

❹

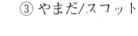

０１ － ２３４５ － ６７８９

ぜろいち　の　にさんよんご　の　ろくななはちきゅう

① ０１０－３２８６－００９９

② ０９０－４４５１－７２６３

③ ０３－９８２５－４１６６

④ ０９３－９９１－８７４６

1 다음을 듣고 숫자를 적어 보세요.

보기 ___12___

① _____   ② _____   ③ _____   ④ _____

2 다음을 듣고 숫자를 적어 보세요.

보기 0 1 ― 2 3 4 5 ― 6 7 8 9

①

②

③

3 다음을 듣고 올바르게 연결해 보세요.

보기 ヘジュン ・

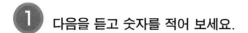

① マリア ・

② レナ ・

③ テリー ・

 ・ ・

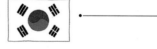 ・ ・

 ・ ・

 ・ ・

GAME

*보기와 같이 숫자를 따라 점선을 이어 보세요.

보기

よん → ご → ろく →

に → よん

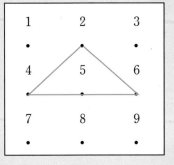

1	2	3
•	•	•
4	5	6
•	•	•
7	8	9
•	•	•

1）

に → さん → なな →

じゅう → じゅうよん →

じゅうご

1	2	3	4
•	•	•	•
5	6	7	8
•	•	•	•
9	10	11	12
•	•	•	•
13	14	15	16
•	•	•	•

2）

にじゅうさん → にじゅうご →

にじゅうなな → にじゅうきゅう →

じゅうなな → ご → じゅうさん →

にじゅういち → にじゅうさん →

さんじゅうさん → よんじゅうさん →

よんじゅうご → よんじゅうなな →

さんじゅうなな → にじゅうなな

1	3	5	7	9
•	•	•	•	•
11	13	15	17	19
•	•	•	•	•
21	23	25	27	29
•	•	•	•	•
31	33	35	37	39
•	•	•	•	•
41	43	45	47	49
•	•	•	•	•

Track 20

낱말과
표현

Key Words & Expressions

 **たこ** 문어	 **うなぎ** 장어	 **いか** 오징어	 **まぐろ** 참치
<ruby>赤<rt>あか</rt></ruby>い 빨갛다	 **<ruby>白<rt>しろ</rt></ruby>い** 하얗다	 **<ruby>黒<rt>くろ</rt></ruby>い** 검다	**<ruby>黄色<rt>きいろ</rt></ruby>い** 노랗다
 **サラダ** 샐러드	 **てんぷら** 튀김	 **とんかつ** 돈가스	 **ステーキ** 스테이크
 **カレー** 카레	**サンドイッチ** 샌드위치	**ハンバーガー** 햄버거	**そば** 모밀국수(소바)

① ゆうこ　これはたこです。そしてこれはうなぎです。

　　ジナ　これは何ですか。
　　　　　　なん

② つとむ　ああ、それはいかです。そしてあれはまぐろです。

　　ジナ　え、まぐろはどれですか。

3 つとむ　それそれ、そのすしです。

ジナ　ああ、この赤いのですね。

あ、あの白いのは何ですか。

4 ゆうこ　ジナさん、あれはアイスクリームです。

ジナ　え、アイスクリームはすしですか。

①

A これは たこです。 そして これは うなぎです。
　　이것은　　문어입니다.　　그리고　　이것은　　　　장어입니다.

B これは 何^{なん}ですか。
　　이것은　　무엇입니까?

何^{なん} 무엇, 어떤 것, 무슨 일

これ 이것	それ 그것	あれ 저것	どれ 어느 것

例 これは 何ですか。 - それは とんかつです。
　　それは 何ですか。 - これは サーモンです。

②

C ああ、それは いかです。
　　아,　　그것은　　오징어예요.

　　そして あれは まぐろです。
　　그리고　　저것은　　참치입니다.

B え、まぐろは どれですか。
　　네?　　참치는　　어느 것입니까?

例 シチューは どれですか。
　　- これです。

낱말과 표현
たこ 문어 | そして (접속사) 그리고 | うなぎ 장어 | とんかつ 돈가스 | サーモン 연어 | いか 오징어
まぐろ 참치 | シチュー 스튜

③

C それそれ、その すしです。
  그거그거,   그   초밥입니다.

B ああ、この 赤いのですね。
  네,   이   빨간 것이군요.

  あ、あの 白いのは 何ですか。
  아,   저   흰 것은   무엇입니까?

〜の ~것

| この 이 | その 그 | あの 저 | どの 어느 |

例 あの 黄色いのは 何ですか。
  - あれは たまごです。

④

A ジナさん、あれは アイスクリームです。
  지나 씨,   저것은   아이스크림입니다.

B え、アイスクリームは すしですか。
  네?   아이스크림이   초밥이에요?

	사물	장소	방향	연체사
근칭	これ (이것)	ここ (여기)	こちら (이쪽)	この (이)
중칭	それ (그것)	そこ (거기)	そちら (그쪽)	その (그)
원칭	あれ (저것)	あそこ (저기)	あちら (저쪽)	あの (저)
부정칭	どれ (어느 것)	どこ (어디)	どちら (어느 쪽)	どの (어느)

낱말과 표현

すし 초밥 | 赤い 빨갛다 | 白い 하얗다 | 黄色い 노랗다 | たまご 계란 | アイスクリーム 아이스크림

*보기와 같이 이야기해 보세요.

1 　보기　 A: 　これ　 は 何^{なん}ですか。

　　　　　 B: 　それ　 は 　サーモン　 です。

① これ／それ／まぐろ　　　　② それ／これ／いか

③ それ／これ／うなぎ　　　　④ あれ／あれ／アイスクリーム

2　　　　　　　　　　　　　　　보기

　　　　　　　　　　　　A: 　これ　 は 　たこ　 ですか。

　　　　　　　　　　　　B: いいえ、 　それ　 は 　たこ　 じゃありません。

　　　　　　　　　　　　　 　いか　 です。

① それ/これ　　　　② あれ/あれ　　　　③ これ/それ

ハンバーガー/サンドイッチ　　とんかつ/てんぷら　　シチュー/カレー

3 보기

A : いか は どれですか。

B : それ です。

その 白い のです。

① たまご／これ／この／黄色い

② まぐろ／これ／この／赤い

③ うなぎ／あれ／あの／黒い

1 다음을 듣고 알맞은 답을 고르세요.

보기

①

(○)　(　)　　(　)　(　)

②　　　　　③

(　)　(　)　　(　)　(　)

2 다음을 듣고 각자 무엇을 선택했는지 연결해 보세요.

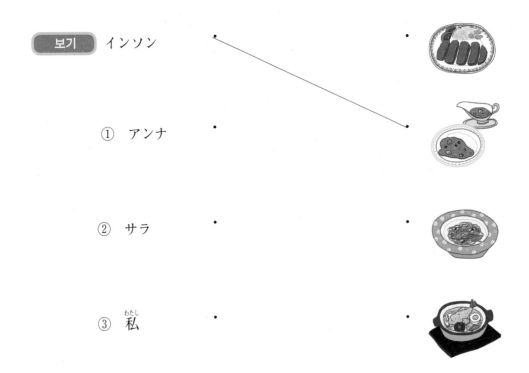

보기　インソン　•

①　アンナ　•

②　サラ　•

③　<ruby>私<rt>わたし</rt></ruby>　•

*그림을 보고 보기와 같이 아래에서 알맞은 말을 찾아 넣으세요.

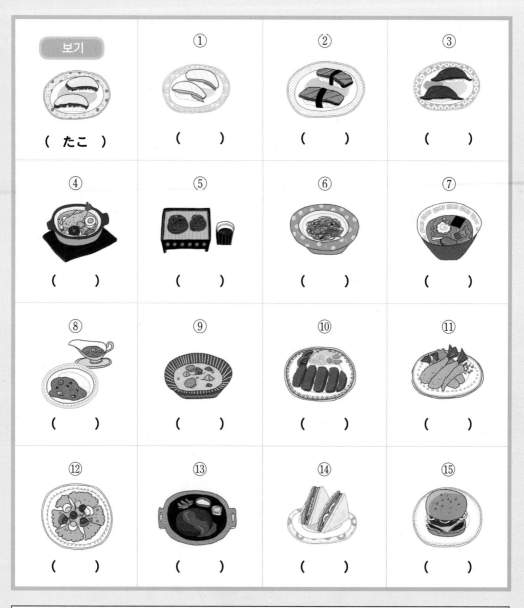

보기

(たこ)

① (　　) ② (　　) ③ (　　)

④ (　　) ⑤ (　　) ⑥ (　　) ⑦ (　　)

⑧ (　　) ⑨ (　　) ⑩ (　　) ⑪ (　　)

⑫ (　　) ⑬ (　　) ⑭ (　　) ⑮ (　　)

サラダ	カレー	うどん	たこ	ラーメン	まぐろ	てんぷら
ハンバーガー	スパゲッティ	とんかつ	そば	サンドイッチ		
シチュー	うなぎ	ステーキ	いか			

일본의 과사

일본의 과자는 우선 눈으로 먹고 그 다음에 입으로 먹는다는 말이 있듯이 모양과 포장에서 한층 그 맛을 더 합니다. 일본의 과자 즉 화과자(和菓子)는 일본의 전통제조기법으로 만들어진 과자를 뜻합니다. 녹차의 보급과 함께 발달한 화과자는 에도시대(1603~1867)에 이르러 교토를 중심으로 제조기술이 비약적으로 발전했으며, 이때 지금과 거의 흡사한 화과자가 대거 등장했습니다. 그 종류와 모양, 지방의 특색에 따라 무수히 많은 종류가 있는데, 흔히 모치라 불리는 떡 종류의 과자부터 양갱(팥을 삶아서 밀가루와 설탕을 넣어 반죽하여 찐 과자), 모나카(찹쌀가루 반죽을 얇게 밀어 구운 것에 팥소를 넣은 과자), 전병(센베), 아라레(주사위 모양으로 썬 떡을 튀겨서 맛을 들인 과자) 등이 있습니다.

차와 함께 즐기는 경우가 많아 대부분 단맛이 강하며, 맛만큼이나 미적 감각도 매우 중시합니다. 계절 느낌이 강한 것도 특징인데, 특히 봄에는 딸기, 매화, 벚꽃 등을 테마로 한 화려한 화과자를 즐길 수 있습니다. 예를 들어 사쿠라 모치는 얇은 핑크색의 벚꽃모양의 화과자로 종종 벚나무 잎으로 감싸져서 나옵니다. 이것은 벚꽃이 피는 계절에만 먹을 수 있습니다. 그 밖에 자연을 그대로 담아 별, 단풍잎, 달, 꽃잎 등 자연 그대로의 모습과 맛을 내는 것에 그 묘미가 있습니다.

Track 26

낱말과 표현

Key Words & Expressions

さいふ 지갑	**かばん** 가방	**写真** <small>しゃしん</small> 사진	**えんぴつ** 연필
**いぬ** 개	**けしゴム** 지우개	**いす** 의자	**めがね** 안경
**かさ** 우산	**時計** <small>と けい</small> 시계	**カメラ** 카메라	**教科書** <small>きょう か しょ</small> 교과서
**辞書** <small>じ しょ</small> 사전	**雑誌** <small>ざっ し</small> 잡지	**コンピューター** 컴퓨터	**つくえ** 책상

1　中沢先生　これは誰のさいふですか。
　　　　　だれ

　　ジナ　　あ、それは私のさいふです。
　　　　　　　　　わたし
　　　　　ありがとうございます。

2　中沢先生　このかばんもジナさんのですか。

　　ジナ　　いいえ、それは私のじゃありません。
　　　　　ジェレミーさんのです。

③ ジナ 　先生、これは私の写真です。
　　　せんせい　　　　　　わたし　しゃしん

　中沢先生 何の写真ですか。
　　　　　なん

　ジナ 　私のボーイフレンドのです。

---

④ 中沢先生 へえ、ジナさんのボーイフレンドですか。

　ジナ 　はい、ベックです。私のいぬです。

1

A これは 誰の さいふですか。
　　 이것은　　누구의　　　지갑입니까?

B あ、それは 私の さいふです。ありがとうございます。
　　아,　　그것은　　나의　　　지갑입니다.　　　　　　　감사합니다.

소유격조사 の ~의

例 これは 誰のノートですか。
　　- それは 私のノートです。

2

A この かばんも ジナさんのですか。
　　이　　가방도　　　지나 씨의 것입니까?

B いいえ、それは 私のじゃありません。
　　아니요,　　그것은　　저의 것이 아닙니다.

ジェレミーさんのです。
제레미 씨의 것입니다.

も ~도
형식명사 の ~의 것
~じゃありません ~가(이) 아닙니다

例 その えんぴつは あなたのですか。
　　- いいえ、これは 私のじゃありません。田中さんのです。

낱말과 표현
誰 누구 | さいふ 지갑 | かばん 가방 | えんぴつ 연필

③

B 先生、これは 私の 写真です。
선생님, 이것은 제 사진입니다.

A 何の 写真ですか。
무슨 사진입니까?

B 私の ボーイフレンドのです。
저의 남자친구 사진입니다.

何の 무슨, 어떤

例 何の 本ですか。
- 日本語の 本です。

④

A へえ、ジナさんの ボーイフレンドですか。
에? 지나 씨의 남자친구입니까?

B はい、ベックです。私の いぬです。
네, 백구입니다. 저의 개입니다.

例 ユミさんの 友達ですか。
- はい、私の 友達です。(はい、そうです。)

~의(소유격조사)	~의 것(형식명사)
私の本	私のです
キムさんの時計	キムさんのです

낱말과 표현

先生 선생님 | 写真 사진 | ボーイフレンド 남자친구 | 本 책 | 日本語 일본어 | いぬ 개 | 友達 친구
時計 시계

*보기와 같이 이야기해 보세요.

 ①

보기

これは ジナさん の さいふ です。

この さいふ は ジナさん のです。

①	②	③	④

先生(せんせい)/えんぴつ　　トム/教科書(きょうかしょ)　　エリカ/かさ　　ミジン/つくえ

②

보기

A : この さいふ は ジナさん のですか。

B : はい、そうです。

A : この かばん も ジナさん のですか。

B : いいえ、それは ジナさん のじゃありません。

① 先生(せんせい)　　②トム　　③エリカ　　④ミジン

えんぴつ/けしゴム　　教科書/辞書(じしょ)　　かさ／カメラ　　つくえ／コンピューター

③

보기

A：これは 誰_{だれ}の　さいふ　ですか。

B：それは　ジナさん　のです。

①	②	③	④

かばん/私_{わたし}　　めがね/たけお　　カメラ/ケビン　　時計_{とけい}/ジェレミー

 ④

보기

A：それは 何_{なん}の　写真_{しゃしん}　ですか。

B：これは　ボーイフレンド　の　写真　です。

①	②	③	④

教科書_{きょうかしょ}/日本語_{にほんご}　　雑誌_{ざっし}/カメラ　　チケット/コンサート　　CD/クラシック

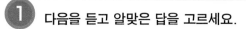

듣기 문제

Listening

Track 31

1 다음을 듣고 알맞은 답을 고르세요.

보기 (ワン / （タン）)   ① (ようこ / ゆうこ)

② (ジャック / ザック)   ③ (チョン / ジョン)

2 다음을 듣고 누구의 것인지 선을 연결해 보세요.

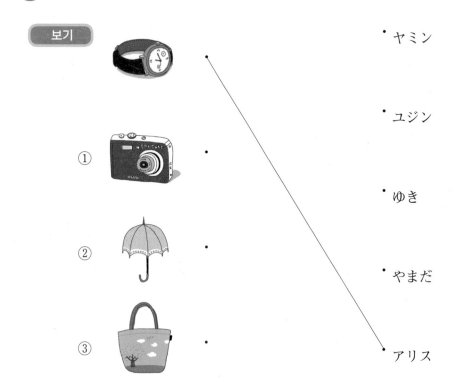

・ ヤミン

・ ユジン

・ ゆき

・ やまだ

・ アリス

GAME

*보기와 같이 아래 그림을 찾아 동그라미 치세요.

か	と	け	い	じ	し
ば	ざ	つ	し	す	か
ん	く	よ	や	ご	さ
え	ん	ぴ	つ	い	む
め	が	ね	ふ	ぬ	か

보기

동물

いぬ 개	ねこ 고양이	うさぎ 토끼
さる 원숭이	とり 새	ひつじ 양
とら 호랑이	うし 소	ぶた 돼지
うま 말	ぞう 코끼리	わに 악어

07 いくらですか。
얼마입니까?

낱말과 표현 | Key Words & Expressions

**メロン** 메론	**りんご** 사과	**なし** 배	**かき** 감
すいか 수박	**ぶどう** 포도	**トマト** 토마토	**みかん** 귤
**オレンジ** 오렌지	**いちご** 딸기	**もも** 복숭아	**バナナ** 바나나
**お酒** 술	**ビール** 맥주	**ワイン** 와인	**ジュース** 주스

1 ジェレミー すみません、このメロンはいくらですか。

店員 ひとつ２３００円です。
にせんさんびゃくえん

---

2 ジェレミー ２３００円！ あの…、このりんごは。
にせんさんびゃくえん

店員 それはひとつ１５０円です。
ひゃくごじゅう えん

ジェレミー じゃあ、りんごをふたつください。

3 ジェレミー 牛肉はいくらですか。

店員　オーストラリア産１００グラム３００円、

国産１００グラム４３０円です。

ジェレミー　オーストラリアですか。じゃあ、オーストラリ

ア産のを３００グラムお願いします。

---

4 店員　全部で９００円です。

ジェレミー　はい、このエコバッグにお願いします。

①

A すみません、この メロンは いくらですか。
　　실례합니다.　　　이　　　　메론은　　　　　　얼마입니까?

B ひとつ 2300円です。
　　한 개　　　　2300엔입니다.

いくらですか 얼마입니까

1개	2개	3개	4개	5개	6개	7개	8개	9개	10개
ひとつ	ふたつ	みっつ	よっつ	いつつ	むっつ	ななつ	やっつ	ここのつ	とお

＊いくつ 몇 개

例 これは いくらですか。
　　- それは ひとつ 910ウォンです。

②

A 2300円！あの…、この りんごは。
　　2300엔!　　　저기…　　　이　　　사과는요?

B それは ひとつ 150円です。
　　그것은　　한 개　　　150엔입니다.

A じゃあ、りんごを ふたつ ください。
　　그럼,　　　　사과　　　2개　　　주세요.

〜を 〜을(를)

例 すいかを ふたつ ください。
　　それを みっつ ください。

낱말과 표현

メロン 메론 | 円 엔 | ウォン 원 | あの 저기 | りんご 사과 | じゃあ 그럼 | すいか 수박

③

A 牛肉は　いくらですか。
소고기　　　　얼마예요?

B オーストラリア産は　１００グラム３００円、
호주산은　　　　　　　　100그램에 300엔,

国産は　１００グラム４３０円です。
국산은　　　　100그램에 430엔입니다.

A オーストラリアですか。じゃあ、オーストラリア産のを
호주요?　　　　　　　그럼,　　　　　　호주산을

３００グラム　お願いします。
300그램　　　　주세요.

例 鶏肉は　いくらですか。 - １００グラム　２２０円です。
豚肉は　いくらですか。 - １００グラム　２９０円です。

숫자 읽기

１００	ひゃく	１０００	せん
２００	にひゃく	２０００	にせん
３００	さんびゃく	３０００	さんぜん
４００	よんひゃく	４０００	よんせん
５００	ごひゃく	５０００	ごせん
６００	ろっぴゃく	６０００	ろくせん
７００	ななひゃく	７０００	ななせん
８００	はっぴゃく	８０００	はっせん
９００	きゅうひゃく	９０００	きゅうせん
１０００	せん	１００００	いちまん

낱말과 표현

牛肉 소고기 ｜ オーストラリア産 호주산 ｜ グラム 그램 ｜ 国産 국산 ｜ 鶏肉 닭고기 ｜ 豚肉 돼지고기 ｜

4

B 全部(ぜんぶ)で　900円(きゅうひゃくえん)です。

전부　900엔입니다.

A はい、この　エコバッグに　お願(ねが)いします。

예,　이　장바구니에　부탁합니다.

例 全部(ぜんぶ)で いくらですか。

はい、全部で 1200(せんにひゃく)ウォンです。

낱말과 표현

全部(ぜんぶ)で 전부(다 해서) | エコバック 장바구니

*보기와 같이 이야기해 보세요.

1

| 보기 | りんご　は　１００円（ひゃくえん）　です。 |

　① みかん　　　　② バナナ　　　　③ ぶどう　　　　④ すいか

2

| 보기 |

A：すみません。
　　　この　りんご　はいくらですか。
B：それは　１００円　です。

①　　　　　　　②　　　　　　　③　　　　　　　④

にんじん/180円　　いちご/300円　　お酒（さけ）/2500円　　ワイン/17000円

3

A： みかん はいくらですか。

B： ひとつ(１００グラム) ４０円 です。

A： じゃあ、 ふたつ ください。

① オレンジ ② りんご ③ かき ④ 豚肉

80円/いつつ　140円/みっつ　160円/むっつ　270円/600グラム

4

A： りんご はいくらですか。

B：ひとつ(１００グラム) １００円 と

　　 ２００円 です。

A：じゃあ、 １００円 のを みっつ お願いします。

B：はい、全部で ３００円 です。

① トマト ② メロン ③ 鶏肉 ④ 牛肉

110円/ふたつ　1900円/ひとつ　170円/400グラム　330円/300グラム

Track 37

1 다음을 듣고 알맞은 가격을 적으세요.

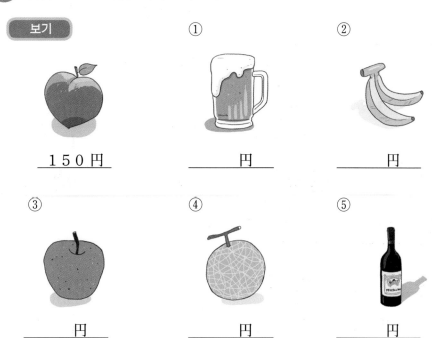

보기

１５０円

① ＿＿＿＿円＿＿＿＿

② ＿＿＿＿円＿＿＿＿

③ ＿＿＿＿円＿＿＿＿

④ ＿＿＿＿円＿＿＿＿

⑤ ＿＿＿＿円＿＿＿＿

2 다음을 듣고 가격과 수량(무게)을 적으세요.

	가격		수량(무게)
보기	１５０	円	3
①		円	
②		円	
③		円	
④		円	

GAME

게임

*그림을 보고 보기와 같이 계산하고 빈 칸에 알맞은 말을 넣으세요.

보기　みかん ＋ じゃがいも ＝ ＿＿＿６３０円＿＿＿

　　　ろっぴゃくさんじゅう　　円

① ジュース ＋ トマト ＝ ＿＿＿＿＿円

＿＿＿＿＿＿＿＿＿＿円

② りんご ＋ にんじん ＝ ＿＿＿＿＿円

＿＿＿＿＿＿＿＿＿＿円

③ バナナ ＋ ビール ＝ ＿＿＿＿＿円

＿＿＿＿＿＿＿＿＿＿円

④ メロン ＋ 鶏肉200 g ＝ ＿＿＿＿＿円
　　　　　　とりにく

＿＿＿＿＿＿＿＿＿＿円

74

08

部屋は広いです。

방은 넓습니다.

낱말과 표현

Key Words & Expressions

 広い 넓다	 **近い** 가깝다	 **明るい** 밝다	 **新しい** 새롭다
 小さい 작다	 **長い** 길다	 **重い** 무겁다	 **楽しい** 즐겁다
 **部屋** 방	 **駅** 역	 **勉強** 공부	 **アルバイト** 아르바이트
 **遊園地** 유원지	 **飛行機** 비행기	 **車** 자동차	 **靴** 신발

1 ジナ　　おじゃまします。

ジェレミー　どうぞ。

2 ジナ　　ジェレミーさんの部屋は広いですね。
　　　　　　　　　　　へ や　　ひろ

ジェレミー　そうですか。　駅から近くて明るいですよ。
　　　　　　　　　　　えき　　ちか　　あか

③ ジナ いいですね。私の部屋は新しいですが、
<ruby>私<rt>わたし</rt></ruby> <ruby>部屋<rt>へや</rt></ruby> <ruby>新<rt>あたら</rt></ruby>

あまり広くないです。
<ruby>広<rt>ひろ</rt></ruby>

ジェレミー あ、そうですか。

④ ジェレミー この部屋は広いですが、ベッドがとても

小さいです。
<ruby>小<rt>ちい</rt></ruby>

ジナ え、ベッドが小さい？ それはジェレミーさんの

足が長いからですよ。
<ruby>足<rt>あし</rt></ruby> <ruby>長<rt>なが</rt></ruby>

①

A おじゃまします。
실례하겠습니다.

B どうぞ。
자, 어서.

どうぞ '자, 어서' 등의 의미로 다른 사람에게 무엇을 권유할 때 주로 쓰이는 표현

②

A ジェレミーさんの 部屋は 広いですね。
제레미 씨의   방은   넓군요.

B そうですか。駅から 近くて 明るいですよ。
그렇습니까?   역에서   가깝고   밝아요.

형용사에는 イ형용사와 ナ형용사로 구분된다.

イ형용사는 어미가 い로 끝난다. イ형용사에 ～です를 연결하면 정중한 표현이 된다.

イ형용사 어간+くて(연결형)

イ형용사 기본형	～です (～입니다)	～くて (～하고)
近い (가깝다)	近いです (가깝습니다)	近くて (가깝고)
かわいい (귀엽다)	かわいいです (귀엽습니다)	かわいくて (귀엽고)
白い (하얗다)	白いです (하얗습니다)	白くて (하얗고)

例 この 食堂は 高いですね。
　　- でも、速くて おいしいです。

낱말과 표현

部屋 방 | 広い 넓다 | 駅 역 | 近い 가깝다 | 明るい 밝다 | 食堂 식당 | 高い 비싸다, 높다
でも 그러나 | 速い 빠르다 | おいしい 맛있다

③

A いいですね。

좋군요.

わたし　へ や　あたら　　　　　　　　　ひろ
私の　部屋は　新しいですが、あまり　広くないです。

나의　　방은　　　새것입니다만　　　그다지　　넓지 않습니다.

B あ、そうですか。

아,　　그렇습니까?

~ね 종조사로 확인, 감탄, 강조 등의 의미를 나타낸다.

~ですが ~입니다만

イ형용사 어간 + く ない (부정형)

イ형용사 기본형	~くない (~지 않다)	~くないです (~지 않습니다)
とお 遠い (멀다)	遠くない (멀지 않다)	遠くないです (멀지 않습니다)
たか 高い (비싸다)	高くない (비싸지 않다)	高くないです (비싸지 않습니다)
おお 大きい (크다)	大きくない (크지 않다)	大きくないです (크지 않습니다)

えき　　　　　　　　　　　いそが
例 アルバイトは 駅から 遠いですが、あまり 忙しくないです。

ほん　　　　　　　　　　　　　え　おお
この 本は おもしろいですが、絵が 多くないです。

낱말과 표현

あたら　　　　　　　　　　　　　　　　　　　　　　　　いそが
新しい 새롭다, 새것이다 | あまり 그다지 | アルバイト 아르바이트 | 忙しい 바쁘다

え　　　　　　おお
おもしろい 재미있다 | 絵 그림 | 多い 많다

④

B この 部屋は 広いですが、ベッドが とても
　　이　　방은　　넓지만　　　　침대가　　매우

小さいです。
작아요.

A え、ベッドが 小さい？ それは ジェレミーさんの
　　네?　침대가　　작아요?　그건　　제레미 씨의

足が 長いからですよ。
다리가　길기 때문이에요.

から　시간의 기점이나 출발점의 의미인 (~부터)

　　　원인, 이유를 나타내는 의미로서 (~때문에)

から (~부터)	から (~때문에)
駅から遠いです	足が長いからです
역에서 멉니다	다리가 길기 때문입니다
学校から近いです	ベッドが小さいからです
학교에서 가깝습니다	침대가 작기 때문입니다

例 この レストランは きたないですが、とても おいしいです。
携帯電話が 大きいですね。
- それは 古いからですよ。

낱말과 표현
- -
ベッド 침대 | 小さい 작다 | 足 다리 | 長い 길다 | 学校 학교 | レストラン 레스토랑
きたない 더럽다 | 携帯電話 휴대전화 | 大きい 크다 | 古い 낡다, 오래되다

＊イ形容詞

広い ↔ 狭い	明るい ↔ 暗い	新しい ↔ 古い	大きい ↔ 小さい
넓다 / 좁다	밝다 / 어둡다	새롭다 / 오래되다	크다 / 작다
多い ↔ 少ない	長い ↔ 短い	暑い ↔ 寒い	熱い ↔ 冷たい
많다 / 적다	길다 / 짧다	덥다 / 춥다	뜨겁다 / 차갑다
厚い ↔ うすい	高い ↔ 低い	高い ↔ 安い	遠い ↔ 近い
두껍다 / 얇다	높다 / 낮다	비싸다 / 싸다	멀다 / 가깝다
おいしい ↔ まずい	重い ↔ 軽い	速い ↔ 遅い	難しい ↔ 易しい
맛있다 / 맛없다	무겁다 / 가볍다	빠르다 / 느리다	어렵다 / 쉽다

＊보기와 같이 이야기해 보세요.

①

보기

この　かばん　は　小^{ちい}さい　です。

この　かばん　は　小さ　くないです。

①
車^{くるま}/高^{たか}い

②
本^{ほん}/おもしろい

③
靴^{くつ}/新^{あたら}しい

④
カレー/おいしい

②

보기

ケーキ/安^{やす}い　＋　おいしい

この　ケーキ　は　安^{やす}く　て　おいしい　です。

①
遊園地^{ゆうえんち}/おもしろい　＋　楽^{たの}しい

②
部屋^{へや}/うるさい　＋　きたない

③
携帯電話^{けいたいでんわ}/大^{おお}きい　＋　古^{ふる}い

③

보기

日本語の勉強 / おもしろい（＋）＋ 難しい（ー）

日本語の 勉強 は おもしろい ですが

難しい です。

①

飛行機 / 速い（＋）＋ 高い（ー）

②

アルバイト / 楽しい（＋）＋ 忙しい（ー）

③

学校 / 新しい（＋）＋ 遠い（ー）

④

보기

A：ベッド が 小さい です。

B：それは 足 が 長い からですよ。

①

A 部屋/うるさい
B 学校/近い

②

A かばん/重い
B 本/多い

③

Aカメラ/安い
B 古い

④

A 本/おもしろい
B 絵/多い

1 다음을 듣고 알맞은 답을 고르세요.

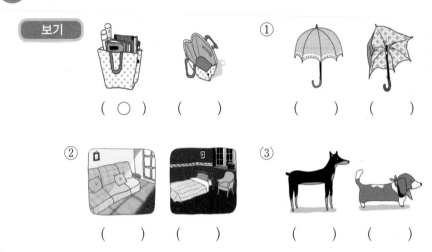

보기

(○)　(　)　①　(　)　(　)

②　(　)　(　)　③　(　)　(　)

2 다음을 듣고 내용과 같은 상황의 그림을 고르세요.

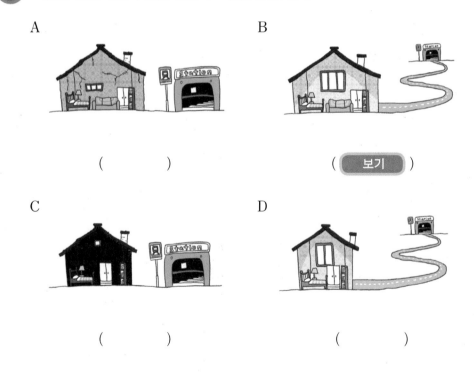

A

(　　)

B

(보기)

C

(　　)

D

(　　)

GAME

*보기와 같이 서로 반대의 의미를 가진 낱말을 고르세요.

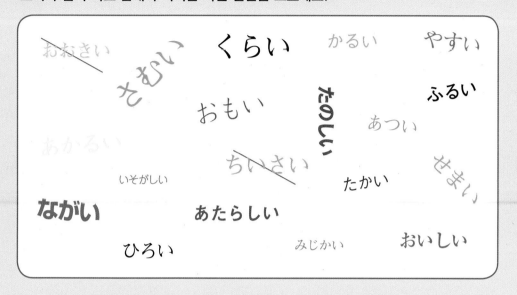

보기	おおきい ⇔ ちいさい
	⇔
	⇔
	⇔
	⇔
	⇔
	⇔
	⇔

지고쿠다니

일본은 온천의 나라입니다. 지진이 일본의 재앙이라면 온천은 신의 축복이라고 할 정도입니다. 세계 어디에서도 일본만큼 온천을 즐기는 나라는 없으며 일본문화의 한 자락을 온천에서 찾을 수 있습니다.

전국 5천여 곳이 넘는다는 일본의 온천 가운데 원숭이의 온천으로 유명한 곳이 바로 나가노(長野)현의 지고쿠다니(地獄谷)입니다. 지고쿠다니는 '지옥계곡'이라는 뜻으로 산악지대의 험준한 계곡과 절벽, 여러 곳에서 솟아오르는 온천의 증기가 마치 지옥의 모습과 흡사하다 하여 지어진 이름이라고 합니다.

지고쿠다니에 있는 노천탕은 겨울이 되면 야생원숭이공원에서 살고 있는 원숭이들이 몰려들어 온천을 즐기는 것으로 유명합니다. 눈이 엄청나게 내린 겨울 새벽에 한 아기 원숭이가 마을에 내려와 온천을 즐기고 있는 것을 본 마을 사람들이 힘을 모아 마을 뒤쪽 계곡에 원숭이 전용 온천을 만들어 줬다고 합니다. 원숭이 전용 온천에 몸을 담근 채 지그시 눈을 감고 있는 원숭이들의 모습은 웃지 않을 수 없는 광경입니다.

らいしゅう
来週はひまですか。
다음 주 한가하세요?

낱말과 표현

Key Words & Expressions

しず
静かだ
조용하다

きれいだ
예쁘다

ゆうめい
有名だ
유명하다

だいじょうぶ
大丈夫だ
괜찮다

べんり
便利だ
편리하다

ひまだ
한가하다

げんき
元気だ
건강하다

にぎやかだ
번화하다

しんせつ
親切だ
친절하다

あんぜん
安全だ
안전하다

ユニークだ
독특하다, 재미있다

りょこう
旅行
여행

コンビニ
편의점

さくら
桜
벚꽃

おんせん
温泉
온천

レストラン
레스토랑

1 とおる ジナさん、来週はひまですか。
　　　らいしゅう

　ジナ 金曜日まではひまじゃありませんが、
　　　きんよう び

　　　土日は大丈夫です。
　　　ど にち　だいじょう ぶ

2 とおる そうですか。じゃあ、みんなで長野旅行は
　　　　　　　　　　　　　　　なが の りょこう

　　　どうですか。

　ジナ 本当ですか。長野のどこですか。
　　　ほんとう

③ とおる 地獄谷です。 静かできれいです。
じごくだに　しず

ジナ そこは何が有名ですか。
なに　ゆうめい

④ とおる 温泉です。 とてもユニークな温泉ですよ。
おんせん

ジナ 来週末ですね。楽しみです。
らいしゅうまつ　たの

① A ジナさん、来週^{らいしゅう}は ひまですか。

　　지나 씨,　　　다음 주(는)　　　한가하세요?

　 B 金曜日^{きんようび}までは ひまじゃありませんが、

　　금요일까지는　　　　　　　시간이 없지만,

　　　土日^{どにち}は 大丈夫^{だいじょうぶ}です。

　　　토·일은　　　　괜찮아요.

ナ형용사는 형용동사라고도 한다. イ형용사와 마찬가지로 한 단어로서 술어가 될 수 있다.

ナ형용사의 부정형 어간 + じゃ(では)ありません

ナ형용사	～です (～입니다)	～じゃ(では)ありません (～지 않습니다)
きれい(だ) (깨끗하다)	きれいです (깨끗합니다)	きれいじゃ(では)ありません (깨끗하지 않습니다)
好^すき(だ) (좋아하다)	好きです (좋아합니다)	好きじゃ(では)ありません (좋아하지 않습니다)

月曜日	火曜日	水曜日	木曜日	金曜日	土曜日	日曜日
げつようび	かようび	すいようび	もくようび	きんようび	どようび	にちようび

昨日^{きのう} 어제	今日^{きょう} 오늘	明日^{あした} 내일
先週^{せんしゅう} 지난 주	今週^{こんしゅう} 이번 주	来週^{らいしゅう} 다음 주
先月^{せんげつ} 지난 달	今月^{こんげつ} 이번 달	来月^{らいげつ} 다음 달
去年^{きょねん} 작년	今年^{ことし} 올해	来年^{らいねん} 내년

낱말과 표현

～まで ～까지 | ひまだ 한가하다 | 土日^{どにち} 토일 | 大丈夫^{だいじょうぶ}だ 괜찮다

❷

A そうですか。じゃあ、みんなで 長野旅行は どうですか。
　　그렇습니까?　　　그럼　　모두 같이　　나가노 여행은　　어떻습니까?

B 本当ですか。長野の どこですか。
　　정말이에요?　　나가노　　어디요?

どうですか 어떻습니까

いかがですか どうですか의 정중한 표현

❸

A 地獄谷です。静かで きれいです。
　　지고쿠다니예요.　　조용하고　　깨끗해요.

B そこは 何が 有名ですか。
　　거기는　　뭐가　　유명해요?

ナ형용사의 で형 (~하고, ~해서)은 문장을 중지할 때 사용하거나 문장 안에서 앞뒤 문장이나 단어를 연결하는 기능을 한다.

親切(だ) (친절하다)	親切で (친절하고)
安全(だ) (안전하다)	安全で (안전하고)
きれい(だ) (깨끗하다, 예쁘다)	きれいで (깨끗하고, 예쁘고)

例 友達は きれいで ほがらかです。
　　地下鉄は 安全で 便利です。

낱말과 표현

じゃあ 그럼 | みんなで 모두 같이 | 長野 나가노(일본지명) | 本当 정말 | 静かだ 조용하다
有名だ 유명하다 | 友達 친구 | ほがらかだ 명랑하다 | 地下鉄 지하철 | 便利だ 편리하다

④

A 温泉です。とても ユニークな 温泉ですよ。
　　온천입니다.　　매우　　　재미있는　　　　　온천이에요.

B 来週末ですね。楽しみです。
　　다음 주말이군요.　　　기대되네요.

ナ形容사 뒤에 명사가 올 경우 어미 だ가 な로 바뀐다.

親切(だ) (친절하다)	親切な店 (친설한 가게)
安全(だ) (안전하다)	安全な車 (안전한 자동차)
きれい(だ) (깨끗하다, 예쁘다)	きれいな山 (깨끗한 산)

例 先生は 元気な 人です。
　　桜は きれいな 花です。

낱말과 표현
温泉 온천 | ユニークだ 재미있다, 독특하다 | 来週末 다음 주말 | 楽しみ 즐거움, 기대 | 店 가게
車 자동차 | 山 산 | 元気だ 건강하다 | 桜 벚꽃 | 花 꽃

92

말하기 연습 — Drills

*보기와 같이 이야기해 보세요.

1

보기

| キムさん | は | ひま | です。 |

①
きょうしつ しず
教室/静かだ

②
げん き
ミンホ/元気だ

③
へ や
部屋/きれいだ

④
とうきょう
東京/にぎやかだ

2

보기

| パクさん | は | ひま | じゃありません。 |

①
教室/静かだ

②
ジュノ/元気だ

③
部屋/きれいだ

④
きょう と
京都/にぎやかだ

③

보기

地獄谷 は ユニーク な 温泉 です。

① やまださん
親切だ/学生

② 桜
きれいだ/花

③ 富士山
有名だ/山

④ コンビニ
便利だ/店

④

보기

A: 地獄谷 は どうですか。

B: 静か で きれい です。

① ソウル
にぎやかだ/有名だ

② ミン先生
元気だ/親切だ

③ コンビニ
きれいだ/便利だ

④ 地下鉄
便利だ/安全だ

Track 49

1 다음을 듣고 알맞은 답을 고르세요.

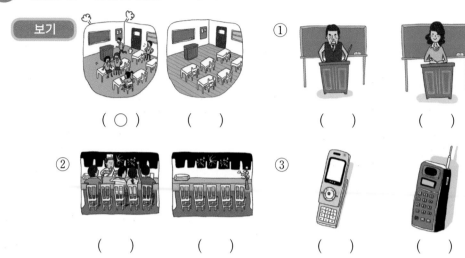

보기

(○)   (   )   ① (   )   (   )

② (   )   (   )   ③ (   )   (   )

2 다음을 듣고 내용과 같은 상황의 그림을 고르세요.

①

A   B   C   D

②

A   B   C   D

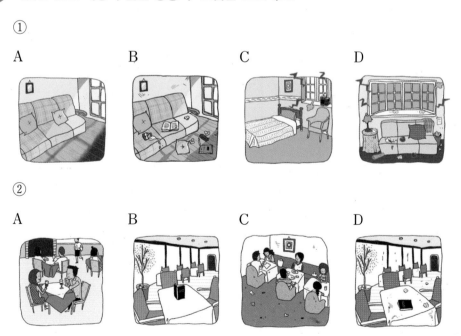

*보기와 같이 아래의 낱말들을 い형용사와 な형용사로 구분해 적으세요.

おおきい、 しずか、 せまい、 ながい、 **べんり**、 ユニーク、
あたらしい、 **ゆうめい**、 みじかい、 げんき、 ちいさい、
ふるい、 **にぎやか**、 **ながい**、 しんせつ、 ひま、 **たかい**、
きれい、 ひろい、 やすい、 だいじょうぶ

い 형용사

보기　おおきい

な 형용사

보기　しずか

10

温泉の中にさるがいます。

おんせん　なか

온천 안에 원숭이가 있어요.

 Track 50

Key Words & Expressions

さる
원숭이

旅館
りょかん
여관

案内
あんない
안내

冷蔵庫
れいぞうこ
냉장고

お水
みず
물

テレビ
텔레비전

タオル
타월

ゆかた
유카타

恋人
こいびと
연인, 애인

郵便局
ゆうびんきょく
우체국

銀行
ぎんこう
은행

子供
こども
어린이

ねこ
고양이

新聞
しんぶん
신문

携帯電話
けいたいでんわ
휴대폰

ソファ
소파

1 旅館　どうぞこちらへ。 つくえの上に旅館の案内が
　　　　　あります。 それと、冷蔵庫の中にお水があります。

　　　ジナ　ありがとうございます。

2 旅館　テレビの下にタオルとゆかたがあります。
　　　ジナ　ああ、ここですね。

3 ジナ　旅館の近くに何がありますか。
　　　　りょかん　ちか　　なに

　　旅館　旅館の前に温泉があります。
　　　　　　　まえ　おんせん

4 ジナ　あ、お母さん!　温泉の中にさるがいます!
　　　　　　かあ　　　　おんせん　なか

　　旅館　はい、この温泉はとても有名なんですよ。
　　　　　　　　　　　　　　　　ゆうめい

①

A どうぞ　こちらへ。
　사, 어서　　　이쪽으로.

つくえの　上に　旅館の　案内が　あります。
책상　　　위에　　여관의　　안내가　　　있습니다.

それと、冷蔵庫の　中に　お水が　あります。
그리고　　냉장고　　안에　　물이　　　있습니다.

B ありがとうございます。
　감사합니다.

へ　(~에, ~으로) 방향을 중심으로 표현, 조사로 쓰일 경우 [he] → [e]에 가깝게 발음

명사 앞에 お, ご 를 붙여 존경의 의미 → お父さん(아버지), ご両親(부모님)

또는 미화어로 사용 → お酒(술), お花(꽃), お金(돈), お米(쌀), お水(물)

あります 무생물이나 식물의 경우	います 생물 (사람, 동물)의 경우
例 花が あります. 本が あります.	例 人が います. うさぎが います.

②

A テレビの　下に　タオルと　ゆかたが　あります。
텔레비전　　밑에　　타월과　　유카타가　　　있습니다.

B ああ、ここですね。
　아.　　　여기 있군요.

ああ 감동하거나 상대의 의견에 수긍할 때　　　あ 갑작스러운 일로 놀라움을 표현할 때

例 ああ、本当に そうですね.　　　例 あ、びっくりしました.

낱말과 표현

つくえ 책상 | 上 위 | 旅館 여관 | 案内 안내 | それと 그리고 | 冷蔵庫 냉장고 | 中 속, 안 | 本 책
人 사람 | うさぎ 토끼 | テレビ 텔레비전 | 下 아래 | タオル 타월 | ゆかた 목욕 후 또는 여름에 축제
나 불꽃놀이 등에 많이 입는 두루마기 모양의 긴 무명 홑옷 | 本当 정말 | びっくり 깜짝 놀람

❸

B 旅館の 近くに 何が ありますか。
　　여관　　근처에　　무엇이　　있습니까?

A 旅館の 前に 温泉が あります。
　　여관　　앞에　온천이　　있습니다.

何が 무엇이, 사물의 내용을 묻는 말로 무엇이 있는지에 초점

何か 무엇인가, 사물의 존재 유무를 묻는 말로 있는지 없는지가 핵심

何も 아무것도, 부정표현과 연결되어 '아무것도 없습니다'의 형태로 사용

例 ホテルの 近くに 病院が ありますか。

かばんの 中に 何が ありますか。 - さいふが あります。

かばんの 中に 何か ありますか。 - はい、あります。

- いいえ、何も ありません。

❹

B あ! お母さん! 温泉の 中に さるが います!
　　아!　　어머니!　　온천　안에　원숭이가　있어요!

A はい、この 温泉は とても 有名なんですよ。
　　예,　이　　온천은　매우　　유명해요.

ん 회화체에서 주로 사용되며 문장의 강조를 の로 대신하여 표현 가능

例 ベッドの 下に ねこが います。

はこの 中に いぬが います。

낱말과 표현
近く 근처, 가까이 | 前 앞 | 温泉 온천 | ホテル 호텔 | 病院 병원 | さる 원숭이 | とても 매우
有名だ 유명하다 | ベッド 침대 | ねこ 고양이 | はこ 상자 | いぬ 개

*위치명사

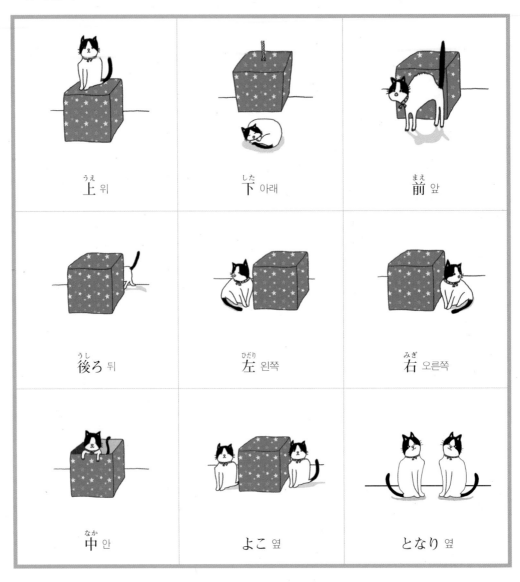

上 위	下 아래	前 앞
後ろ 뒤	左 왼쪽	右 오른쪽
中 안	よこ 옆	となり 옆

よこ 옆　　같은 종류, 다른 종류 상관없음

郵便局の よこに 車が あります。

となり 옆　　같은 종류의 것이 나란히 있음

郵便局の となりに 銀行が あります。

*보기와 같이 이야기해 보세요.

① 보기

お水（みず）　が あります。

① 花（はな）
② 時計（とけい）
③ 郵便局（ゆうびんきょく）
④ 銀行（ぎんこう）

② 보기

さる　が います。

① ねこ
② 子供（こども）
③ 恋人（こいびと）
④ 先生（せんせい）

A: ［つくえ］の［上^{うえ}］に 何^{なに}が

ありますか（いますか）。

B: ［教科書^{きょうかしょ}］が あります（います）。

① テレビ/前^{まえ}   ② かばん/下^{した}   ③ はこ/中^{なか}   ④ 車^{くるま}/よこ

新聞^{しんぶん}   めがね   いぬ   子供^{こども}

A: ［タオル］は どこに ありますか（います）。

B: ［テレビ］の［上］に あります（います）。

① 靴^{くつ}   ② 携帯電話^{けいたいでんわ}   ③ ねこ   ④ さる

いす/前   かばん/よこ   ソファ/後^{うし}ろ   温泉^{おんせん}/中

1 다음을 듣고 내용이 맞는 것에는 O를, 틀린 것에는 X를 넣으세요.

보기 (○)

① (   )   ② (   )   ③ (   )   ④ (   )

⑤ (   )   ⑥ (   )   ⑦ (   )   ⑧ (   )

2 다음을 듣고 알맞은 답을 고르세요.

보기

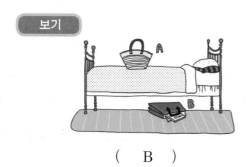

(B   )

①

(   )

②

(   )

③

(   )

GAME

게임

1 그림을 보고 보기와 같이 빈 칸에 알맞은 말을 넣으세요.

보기　教科書は つくえの　（　上　）に あります。

① ねこは テーブルの　（　　　）に います。

② 時計は テレビの　（　　　）に あります。

③ 冷蔵庫の　（　　　）に ケーキが あります。

④ つくえの　（　　　）に いすが あります。

2 누가 어디에 있는지 빈 칸에 이름을 넣으세요.

私の よこに ガイさんが います。ガイさんの よこに
ねこが います。カールさんは 私の 後ろに います。
ハミルさんの 前に テーブルが あります。パクさん
のとなりに ミンさんと カールさんが います。

（　　　）（　　　）（　　　）（　　　）

ねこ　（　　　）（　私　）テーブル

106

Lesson 11

今^{いま}から何^{なに}をしますか。

지금부터 무엇을 합니까?

Track 56

낱말과 표현

Key Words & Expressions

行^いく 가다	買^かう 사다	読^よむ 읽다	食^たべる 먹다

聞^きく 듣다	見^みる 보다	飲^のむ 마시다	帰^{かえ}る 돌아가다

図書館^{としょかん} 도서관	デパート 백화점	おでん 어묵	おにぎり 주먹밥

スポーツ 스포츠	テニス 테니스	サッカー 축구	いえ・うち 집

1 ジェレミー　１２時ですね。ジナさんは今から何をしますか。

　　　　ジナ　　図書館で本を読みます。ジェレミーさんは

　　　　　　　どこへ行きますか。

2 ジェレミー　私はコンビニへ行きます。

　　　　ジナ　　何を買いますか。

3 ジェレミー　おでんとおにぎりを買います。

ジナさんはお昼ご飯を食べませんか。

ジナ　　はい、今日は２時にアリヤさんとおいしい

ケーキを食べます。

---

4 ジェレミー　私もケーキが大好きです。

ジナ　　そうですか。じゃあ、また明日。

① **A** 12時ですね。ジナさんは 今から 何を しますか。
　　12시군요.　　　　　지나 씨는　　지금부터　무엇을　합니까?

　B 図書館で 本を 読みます。
　　도서관에서　책을　읽어요.

　　ジェレミーさんは どこへ 行きますか。
　　제레미 씨는　　　　어디에　갑니까?

で ~에서 (장소)

へ (~에, ~으로) 방향을 중심으로, に (~에) 장소, 목적지를 중심으로 쓰는 경향이 있다.
조사 へ의 다음에 오는 동사는 주로 行く、来る、帰る가 온다.

　例 公園で 昼ご飯を 食べます。
　　コーヒーショップで 会いますか。

시간읽기

1時	2時	3時	4時	5時	6時
いちじ	にじ	さんじ	よじ	ごじ	ろくじ
7時	8時	9時	10時	11時	12時
しちじ	はちじ	くじ	じゅうじ	じゅういちじ	じゅうにじ

분읽기

1分	2分	3分	4分	5分
いっぷん	にふん	さんぷん	よんぷん	ごふん
6分	7分	8分	9分	10分
ろっぷん	ななふん	はっぷん	きゅうふん	じゅっぷん
20分	30分	40分	50分	60分
にじゅっぷん	さんじゅっぷん	よんじゅっぷん	ごじゅっぷん	ろくじゅっぷん

＊何時 何分 몇 시 몇 분

낱말과 표현

今から 지금부터 ｜ 図書館 도서관 ｜ 本 책 ｜ 行く 가다 ｜ 昼ご飯 점심(식사) ｜ 公園 공원
コーヒーショップ 커피숍 ｜ 会う 만나다

동사

동사의 어미는 う단으로 끝난다. 동사의 종류는 1, 2, 3그룹으로 나뉜다.

1그룹(5단) : う、く、す、つ、ぬ… 등 어미가 う단인 동사. 단, 어미가 る로 끝나면 바로

앞이 あ·う·お단인 경우

→ 買う(사다), 書く(쓰다), 読む(읽다), 待つ(기다리다), ある(있다)…

2그룹(1단) : 어미가 る로 끝나되 바로 앞이 い·え단인 경우

→ 食べる(먹다), 見る(보다)…

3그룹(변격) : 불규칙 활용을 하는 동사

→ 来る(오다), する(하다)

동사 ます형

동사 기본형에 ます를 붙이면 '~입니다'라는 정중 표현이 된다.

1그룹(5단) : 어미 う단을 い단으로 고치고 ます를 붙인다.

2그룹(1단) : る를 빼고 ます를 붙인다.

3그룹(변격) : 불규칙 활용

1그룹	2그룹	3그룹
買う(사다) →買います(삽니다)	見る(보다) →見ます(봅니다)	来る(오다) →来ます (옵니다)
書く(쓰다) →書きます(씁니다)	食べる(먹다) →食べます(먹습니다)	する(하다) →します (합니다)
話す(말하다) →話します(말합니다)	起きる(일어나다) →起きます (일어납니다)	
読む(읽다) →読みます(읽습니다)	調べる(조사하다) →調べます (조사합니다)	
☆帰る(돌아가다) →帰ります (돌아갑니다)		

☆예외동사 : 형태는 2그룹에 속하나 활용은 1그룹

→ 走る(달리다), 入る(들어가다), 知る(알다)…

②

A 私は コンビニへ 行きます。
　　저는　　편의점에　　　갑니다.

B 何を 買いますか。
　　무엇을　　삽니까?

기본형	ます형	의문형
行く (가다)	行きます (갑니다)	行きますか (갑니까)
買う (사다)	買います (삽니다)	買いますか (삽니까)

③

A おでんと おにぎりを 買います。
　　어묵과　　　주먹밥을　　　삽니다.

ジナさんは お昼ご飯を 食べませんか。
지나 씨는　　　점심을　　　먹지 않습니까?

B はい、今日は 2時に アリヤさんと
　　예,　　오늘은　　2시에　　아리야 씨와

おいしい ケーキを 食べます。
맛있는　　　케이크를　　　먹습니다.

と ~와(과)
に ~에 (때와 시간)

朝ご飯 아침식사, 昼ご飯 점심식사, 晩ご飯(夕ご飯) 저녁식사

낱말과 표현

コンビニ 편의점 | おでん 어묵 | おにぎり 주먹밥 | 今日 오늘 | おいしい 맛있다 | ケーキ 케이크

ます를 빼고 ません을 붙이면 '~지 않습니다'라는 뜻의 부정형이 되고, ません에 か를 붙이면
'~지 않습니까'라는 부정의문의 뜻이 된다.

기본형	부정형	부정의문형
行_いく (가다)	行きません (가지 않습니다)	行きませんか (가지 않습니까)
買_かう (사다)	買いません (사지 않습니다)	買いませんか (사지 않습니까)

 サッカーを 見_みませんか。

④ A 私_{わたし}も ケーキが 大好_{だい す}きです。
　　　저도　　　케이크를　　　매우 좋아합니다.

　　B そうですか。じゃあ、また明日_{あした}。
　　　그렇습니까.　　　그럼　　　내일 또.

~が (大) 好_{だい す}きだ 우리말에서는 '~을 좋아하다'는 뜻으로 조사 が를 동반함에 주의

헤어질 때 인사는 また明日_{あした} '내일 또' 외에도 じゃね '그럼', またね '또 봐', バイバイ '바이바이'

등 간단한 인사가 있다. さようなら '안녕'은 일상에서도 사용되지만 멀리 떠나거나 완전히 헤

어지는 인사의 경우에 사용되기도 한다.

 私は 音楽_{おんがく}が 大好きです。

サッカー 축구 | 音楽_{おんがく} 음악

*동사활용

기본형	그룹	ます형	의문형	부정형	부정의문형
買う	1	買います	買いますか	買いません	買いませんか
書く	1	書きます	書きますか	書きません	書きませんか
行く	1	行きます	行きますか	行きません	行きませんか
話す	1	話します	話しますか	話しません	話しませんか
待つ	1	待ちます	待ちますか	待ちません	待ちませんか
読む	1	読みます	読みますか	読みません	読みませんか
ある	1	あります	ありますか	ありません	ありませんか
帰る	1	帰ります	帰りますか	帰りません	帰りませんか
見る	2	見ます	見ますか	見ません	見ませんか
食べる	2	食べます	食べますか	食べません	食べませんか
起きる	2	起きます	起きますか	起きません	起きませんか
調べる	2	調べます	調べますか	調べません	調べませんか
来る	3	来ます	来ますか	来ません	来ませんか
する	3	します	しますか	しません	しませんか

*보기와 같이 이야기해 보세요.

1

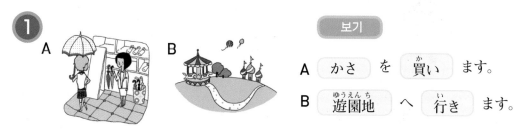

A

B

A ［ かさ ］ を ［ 買い ］ ます。

B ［ 遊園地 ］ へ ［ 行き ］ ます。

A ① ② B ① ②

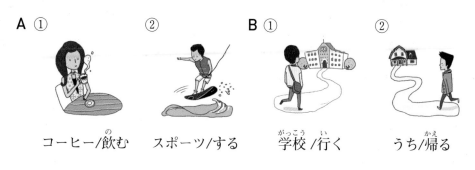

コーヒー/飲む　スポーツ/する　学校/行く　うち/帰る

2

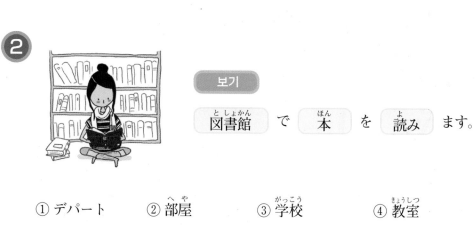

［ 図書館 ］ で ［ 本 ］ を ［ 読み ］ ます。

① デパート　② 部屋　③ 学校　④ 教室

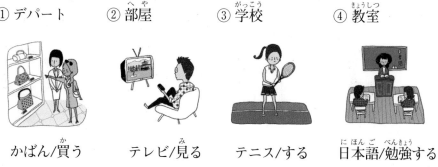

かばん/買う　テレビ/見る　テニス/する　日本語/勉強する

③

보기

A： コーヒー を 飲み ますか。

B：いいえ、 飲み ません。

①	②	③	④

音楽/聞く	テレビ/見る	ケーキ/食べる	サッカー/する

④

보기

1時 → いちじ

①	②	③	④
4時5分	7時30分	9時45分	11時55分

1 다음을 듣고 내용과 같은 상황의 그림을 고르세요.

A   B   C   D

(   )   (보기)   (   )   (   )

2 다음을 듣고 내용과 같은 상황의 그림을 고르세요.

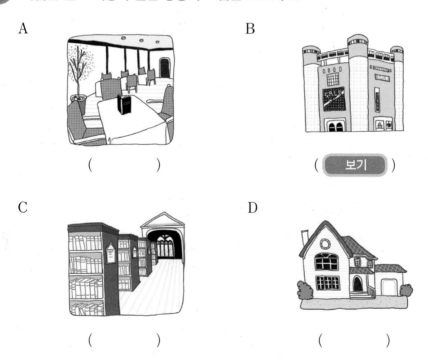

A

B

(   )

(보기)

C

D

(   )

(   )

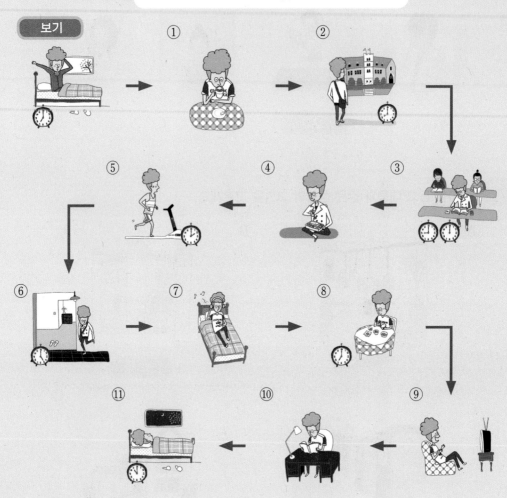

게임 GAME

＊그림을 보고 보기와 같이 빈 칸에 알맞은 말을 넣으세요.

ジェレミーさんの一日（いちにち）スケジュール

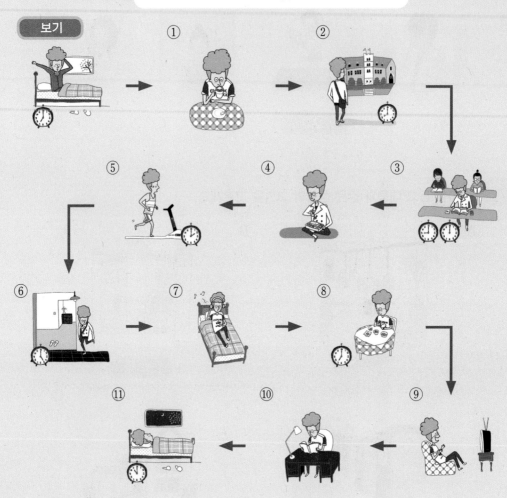

보기 ジェレミーさんは ７時（しちじ）に ＿おきます＿。

① コーヒーを ＿＿＿＿＿＿。 ② ８時（はちじ）に 学校（がっこう）へ ＿＿＿＿＿＿。

③ ９時（くじ）から １２時（じゅうにじ）まで 日本語（にほんご）を ＿＿＿＿＿＿。 ④ 昼（ひる）ご飯（はん）を ＿＿＿＿＿＿。

⑤ ２時（にじ）に スポーツを ＿＿＿＿＿＿。 ⑥ ５時（ごじ）に うちへ ＿＿＿＿＿＿。

⑦ 音楽（おんがく）を ＿＿＿＿＿＿。 ⑧ ７時（しちじ）に 晩（ばん）ご飯（はん）を ＿＿＿＿＿＿。

⑨ テレビを ＿＿＿＿＿＿。 ⑩ 本（ほん）を ＿＿＿＿＿＿。 ⑪ １１時（じゅういちじ）に ＿＿＿＿＿＿。

118

낱말과 표현

Key Words & Expressions

 日記 일기	 **お茶** 차	 **デパ地下** 백화점 지하(식료품 매장)	 **試食** 시식
 **本屋** 서점	 **日本語** 일본어	 **中国語** 중국어	 **英語** 영어
 **ロック** 록	 **クラシック** 클래식	 **レポート** 리포트	 **映画** 영화
 **手紙** 편지	 **料理** 요리	 **ゴルフ** 골프	 **バスケット** 농구

ジナの日記
にっき

1 今日は朝9時から12時まで日本語を勉強しました。
きょう あさ く じ じゅうに じ に ほん ご べんきょう

2 今日は昼ご飯を食べませんでした。
ひる はん た

図書館で本を読みました。
と しょ かん ほん よ

③ 午後アリヤさんとお茶をしました。
それからデパートへ行きました。

④ デパ地下で試食をたくさん食べました。
でも、何も買いませんでした。

①

今日は 朝9時から 12時まで 日本語を
_{きょう} _{あさ く じ} _{じゅうにじ} _{に ほん ご}

오늘은　　　아침 9시부터　　　12시까지　　　일본어를

勉強しました。
_{べんきょう}

공부했습니다.

朝 아침　昼 점심　晩 저녁 7~9시정도　夜 밤(夜의 의미 속에 晩 포함)
_{あさ}　_{ひる}　_{ばん}　_{よる}

おととい	昨日 _{きのう}	今日 _{きょう}	明日 _{あした}	あさって	毎日 _{まいにち}
그저께	어제	오늘	내일	모레	매일
先々週 _{せんせんしゅう}	先週 _{せんしゅう}	今週 _{こんしゅう}	来週 _{らいしゅう}	再来週 _{さ らいしゅう}	毎週 _{まいしゅう}
지지난 주	지난 주	이번 주	다음 주	다다음 주	매주
先々月 _{せんせんげつ}	先月 _{せんげつ}	今月 _{こんげつ}	来月 _{らいげつ}	再来月 _{さ らいげつ}	毎月 _{まいつき}
지지난 달	지난 달	이번 달	다음 달	다다음 달	매월
おととし	去年 _{きょねん}	今年 _{ことし}	来年 _{らいねん}	再来年 _{さ らいねん}	毎年 _{まいねん}
재작년	작년	올해	내년	내후년	매년

する(하다)	
します(합니다)	しません(하지 않습니다)
しました(했습니다)	しませんでした(하지 않았습니다)

勉強する(공부하다) _{べんきょう}	
勉強します(공부합니다)	勉強しません(공부하지 않습니다)
勉強しました(공부했습니다)	勉強しませんでした(공부하지 않았습니다)

例 友達と 朝から 晩まで 遊びました。
_{ともだち}　_{あさ}　_{ばん}　_{あそ}

낱말과 표현
···

今日 오늘 | ~から~まで ~에서 ~까지 | 日本語 일본어 | 勉強する 공부하다 | 友達 친구
_{きょう}　　　　　　　　　　　　　　　_{に ほん ご}　　　　_{べんきょう}　　　　　　　_{ともだち}
遊ぶ 놀다
_{あそ}

❷ 今日は　昼ご飯を　食べませんでした。
오늘은　　점심을　　　　　먹지 않았습니다.

図書館で　本を　読みました。
도서관에서　책을　　읽었습니다.

食べる(먹다)		読む(읽다)	
食べます (먹습니다)	食べません (먹지 않습니다)	読みます (읽습니다)	読みません (읽지 않습니다)
食べました (먹었습니다)	食べませんでした (먹지 않았습니다)	読みました (읽었습니다)	読みませんでした (읽지 않았습니다)

例 今日は　お酒を　飲みませんでした。
薬を　飲みました。

❸ 午後　アリヤさんと　お茶を　しました。
오후에　　아리야 씨와　　　차를　　　마셨습니다.

それから　デパートへ　行きました。
그리고 나서　백화점에　　갔습니다.

午後 오후 ⇔ 午前 오전

行く(가다)	
行きます (갑니다)	行きません (가지 않습니다)
行きました (갔습니다)	行きませんでした (가지 않았습니다)

例 お母さんと　映画館へ　行きました。それから　本屋へ　行きました。

낱말과 표현
- -
昼ご飯 점심(식사) ｜ 図書館 도서관 ｜ 本 책 ｜ お酒 술 ｜ 飲む 마시다 ｜ 薬を飲む 약을 먹다
～と ~와(과) ｜ お茶をする 차를 마시다(お茶を飲む라고도 한다) ｜ それから 그리고 나서
デパート 백화점 ｜ お母さん 어머니 ｜ 映画館 영화관 ｜ 本屋 서점

④ デパ地下で 試食を たくさん 食べました。
백화점 지하에서   시식을   많이   했습니다.

でも 何も 買いませんでした。
하지만 아무것도   사지 않았습니다.

で　① ～에서(장소)

公園で 話します。

② ～로(수단)

えんぴつで 書きます。

③ ～로, ～로 인해(이유, 원인)

かぜで 休みます。

何も 아무것도

買う 사다	
買います (삽니다)	買いません (사지 않습니다)
買いました (샀습니다)	買いませんでした (사지 않았습니다)

例 図書館で 本を 読みました。でも 何も 借りませんでした。

 낱말과 표현

デパ地下 백화점 지하 (식료품 매장) | 試食 시식 | たくさん 많이 | でも 하지만 | 借りる 빌리다

124

＊보기와 같이 이야기해 보세요.

1

보기

<ruby>本<rt>ほん</rt></ruby> を <ruby>読み<rt>よ</rt></ruby> ました。

① ロック/<ruby>聞<rt>き</rt></ruby>く　② レポート/<ruby>書<rt>か</rt></ruby>く　③ サンドイッチ/<ruby>食<rt>た</rt></ruby>べる　④ テニス/する

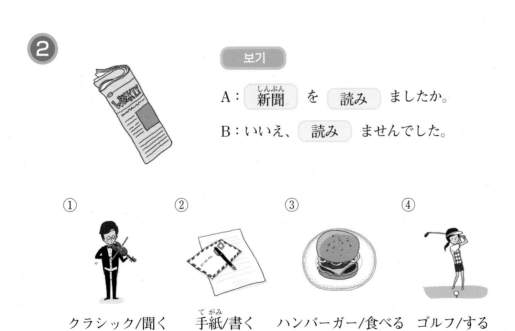

2

보기

A: <ruby>新聞<rt>しんぶん</rt></ruby> を <ruby>読み<rt>よ</rt></ruby> ましたか。

B: いいえ、 <ruby>読み<rt>よ</rt></ruby> ませんでした。

① クラシック/<ruby>聞<rt>き</rt></ruby>く　② <ruby>手紙<rt>てがみ</rt></ruby>/<ruby>書<rt>か</rt></ruby>く　③ ハンバーガー/<ruby>食<rt>た</rt></ruby>べる　④ ゴルフ/する

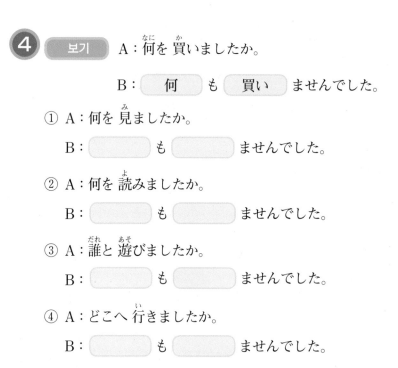

③ [보기]

アリヤさん と お茶(ちゃ) を し ました。

① 先生(せんせい)　　② 恋人(こいびと)　　③ お母(かあ)さん　　④ 友達(ともだち)

ビール/飲(の)む　　映画(えいが)/見る　　料理(りょうり)/作(つく)る　　バスケット/する

④ [보기] A：何(なに)を 買(か)いましたか。

　　B： 何 も 買い ませんでした。

① A：何(なに)を 見(み)ましたか。

　　B：　　　　　も　　　　　ませんでした。

② A：何(なに)を 読(よ)みましたか。

　　B：　　　　　も　　　　　ませんでした。

③ A：誰(だれ)と 遊(あそ)びましたか。

　　B：　　　　　も　　　　　ませんでした。

④ A：どこへ 行(い)きましたか。

　　B：　　　　　も　　　　　ませんでした。

1 다음을 듣고 빈 칸에 알맞은 문장을 넣으세요.

보기　サンドイッチを〔　　　　　　〕食べました。

① かばんを〔　　　　　　　　　〕

② 新聞を〔　　　　　　　　　〕

③ ゴルフを〔　　　　　　　　　〕

④ コーヒーを〔　　　　　　　　　〕

2 제레미의 하루입니다. 다음을 듣고 알맞은 답을 고르세요.

보기　 へ 行きました。

① 日本語の本を（勉強しました／読みました）。

② 雑誌を（買いました／買いませんでした）。

③ ビールを（飲みました／飲みませんでした）。

④ 晩ご飯を（食べました／食べませんでした）。

*아래의 글을 읽고 시간 순서대로 그림 아래 빈 칸에 숫자를 넣으세요.

ジナさんの日曜日（にちようび）

日曜日に デパートへ 行（い）きました。 デパートで ジェレミーさん、 アリヤさんと ス パゲッティを 食（た）べました。 ジェレミーさんは ビールを 飲（の）みましたが、 私（わたし）と アリ ヤさんは 飲みませんでした。 3時（さんじ）に 映画館（えいがかん）へ 行（い）きました。 アリヤさんは ポップ コーンと ジュースを 買（か）いました。 それから 映画（えいが）を 見（み）ました。 7時（しちじ）に うちへ 帰（かえ） りました。 お母（かあ）さんと 晩（ばん）ご飯（はん）を 作（つく）りました。 晩ご飯は カレーでした。 それから ケーキを 食べました。 今日（きょう）は たくさん 食べました。 おやすみなさい。

13

昔<ruby>むかし</ruby>はテニスが上手<ruby>じょうず</ruby>でした。

옛날에는 테니스를 잘했습니다.

낱말과 표현

Key Words & Expressions

上手<ruby>じょうず</ruby>だ 잘하다	**下手<ruby>へた</ruby>だ** 잘 못하다	**好<ruby>す</ruby>きだ** 좋아하다	**嫌<ruby>きら</ruby>いだ** 싫어하다
			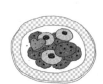
大変<ruby>たいへん</ruby>だ 큰일이다	**暑<ruby>あつ</ruby>い** 덥다	**寒<ruby>さむ</ruby>い** 춥다	**お菓子<ruby>かし</ruby>** 과자

山<ruby>やま</ruby> 산	**家族<ruby>かぞく</ruby>** 가족	**趣味<ruby>しゅみ</ruby>** 취미	**山登<ruby>やまのぼ</ruby>り** 등산

公園<ruby>こうえん</ruby> 공원	**試験<ruby>しけん</ruby>** 시험	**くだもの** 과일	**スキー** 스키

1 とおる　ジナさんのご家族はスポーツが好きですか。

ジナ　母は山登りが好きです。昔はテニスが上手でした。

2 とおる　お父さんは？

ジナ　父はスポーツが好きじゃありません。

父の趣味は料理です。

③ とおる めずらしいですね。

ジナ はい。去年父と一緒にお菓子を作りました。
きょねんちち いっしょ かし つく

④ とおる 難しくなかったですか。
むずか

ジナ とてもおもしろかったです。でもあまり

きれいじゃありませんでした。

①

A ジナさんの ご家族(かぞく)は スポーツが 好(す)きですか。
지나 씨의 　　　가족은 　　　스포츠를 　　　좋아합니까?

B 母(はは)は 山登(やまのぼ)りが 好(す)きです。昔(むかし)は テニスが 上手(じょうず)でした。
엄마는 　등산을 　　좋아합니다. 옛날에는 테니스를 　　잘했습니다.

상대를 높이는 의미로 ご、お를 사용하여 정중함을 표현

家族(かぞく)(가족) → ご家族　　　親戚(しんせき)(친척) → ご親戚　　　連絡(れんらく)(연락) → ご連絡
話(はなし)(이야기) → お話　　　電話(でんわ)(전화) → お電話　　　時間(じかん)(시간) → お時間

~が好(す)きだ ~을 좋아하다　　　~が嫌(きら)いだ ~을 싫어하다
~が上手(じょうず)だ ~을 잘하다　　　~が下手(へた)だ ~을 잘 못하다

ナ형용사

	현재형	과거형
긍정	~です ~입니다	~でした ~였습니다
부정	~じゃありません ~지 않습니다	~じゃありませんでした ~지 않았습니다

好(す)きだ 좋아하다	
好きです(좋아합니다)	好きでした(좋아했습니다)
好きじゃありません(좋아하지 않습니다)	好きじゃありませんでした(좋아하지 않았습니다)

上手(じょうず)だ(잘하다, 능숙하다)	
上手です(잘합니다)	上手でした(잘했습니다)
上手じゃありません(잘하지 않습니다)	上手じゃありませんでした(잘하지 않았습니다)

例 私(わたし)は くだものが 好(す)きです。
先生(せんせい)は 料理(りょうり)が 上手(じょうず)ですか。

낱말과 표현

家族(かぞく) 가족 | スポーツ 스포츠 | 母(はは) 어머니 | 山登(やまのぼ)り 등산 | 昔(むかし) 옛날 | テニス 테니스 | くだもの 과일
先生(せんせい) 선생님 | 料理(りょうり) 요리

②

A お<ruby>父<rt>とう</rt></ruby>さんは？

아버지는요?

B <ruby>父<rt>ちち</rt></ruby>は スポーツが <ruby>好<rt>す</rt></ruby>きじゃありません。

아버지는　　스포츠를　　　　　　좋아하지 않습니다.

<ruby>父<rt>ちち</rt></ruby>の <ruby>趣味<rt>しゅみ</rt></ruby>は <ruby>料理<rt>りょうり</rt></ruby>です。

아버지의　　취미는　　　요리입니다.

例 <ruby>勉強<rt>べんきょう</rt></ruby>が <ruby>嫌<rt>きら</rt></ruby>いですか。

- いいえ、<ruby>嫌<rt>きら</rt></ruby>いじゃありません。

자신의 가족을 타인에게 소개할 때의 경우와 타인의 가족에게 사용하는 호칭이 다르다.
타인의 가족은 높여 사용하고 자신의 가족은 낮추어 표현한다.

	자기 가족	남의 가족		자기 가족	남의 가족
할아버지	<ruby>祖父<rt>そ ふ</rt></ruby>	おじいさん	할머니	<ruby>祖母<rt>そ ぼ</rt></ruby>	おばあさん
아버지	<ruby>父<rt>ちち</rt></ruby>	<ruby>お父<rt>とう</rt></ruby>さん	어머니	<ruby>母<rt>はは</rt></ruby>	<ruby>お母<rt>かあ</rt></ruby>さん
형, 오빠	<ruby>兄<rt>あに</rt></ruby>	<ruby>お兄<rt>にい</rt></ruby>さん	누나, 언니	<ruby>姉<rt>あね</rt></ruby>	<ruby>お姉<rt>ねえ</rt></ruby>さん
남동생	<ruby>弟<rt>おとうと</rt></ruby>	<ruby>弟<rt>おとうと</rt></ruby>さん	여동생	<ruby>妹<rt>いもうと</rt></ruby>	<ruby>妹<rt>いもうと</rt></ruby>さん
남편	<ruby>主人<rt>しゅじん</rt></ruby>	ご<ruby>主人<rt>しゅじん</rt></ruby>	부인	<ruby>妻<rt>つま</rt></ruby>	<ruby>奥<rt>おく</rt></ruby>さん

③

A めずらしいですね。

특이하군요.

B はい。<ruby>去年<rt>きょねん</rt></ruby> <ruby>父<rt>ちち</rt></ruby>と <ruby>一緒<rt>いっしょ</rt></ruby>に <ruby>お菓子<rt>か し</rt></ruby>を <ruby>作<rt>つく</rt></ruby>りました。

예,　　작년에　아빠와　함께　　과자를　　　만들었습니다.

例 この <ruby>人形<rt>にんぎょう</rt></ruby>、かわいいですね。

- <ruby>今年<rt>ことし</rt></ruby>、<ruby>日本<rt>に ほん</rt></ruby>で <ruby>買<rt>か</rt></ruby>いました。

낱말과 표현

<ruby>趣味<rt>しゅ み</rt></ruby> 취미 | <ruby>勉強<rt>べんきょう</rt></ruby> 공부 | めずらしい 특이하다, 드물다 | <ruby>去年<rt>きょねん</rt></ruby> 작년 | <ruby>一緒<rt>いっしょ</rt></ruby>に 함께 | <ruby>お菓子<rt>か し</rt></ruby> 과자 |
<ruby>作<rt>つく</rt></ruby>る 만들다 | <ruby>人形<rt>にんぎょう</rt></ruby> 인형 | かわいい 귀엽다 | <ruby>今年<rt>ことし</rt></ruby> 올해 | <ruby>買<rt>か</rt></ruby>う 사다

A 難_{むずか}しく なかったですか。

어렵지 않았습니까?

B とても おもしろかったです。

매우   재미있었어요.

でも あまり きれいじゃありませんでした。

하지만   그다지   예쁘게는 되지 않았어요.

例 映画_{えいが}は おもしろかったですか。

- いいえ、あまり おもしろくなかったです。

イ형용사

	현재형	과거형
긍정	~です ~입니다	~かったです ~였습니다
부정	~くないです ~지 않습니다	~くなかったです ~지 않았습니다

難_{むずか}しい(어렵다)	
難しいです(어렵습니다)	難しかったです(어려웠습니다)
難しくないです(어렵지 않습니다)	難しくなかったです(어렵지 않았습니다)

おもしろい(재미있다)	
おもしろいです(재미있습니다)	おもしろかったです(재미있었습니다)
おもしろくないです(재미있지 않습니다)	おもしろくなかったです(재미있지 않았습니다)

とても 매우 | きれいだ 예쁘다, 깨끗하다 | 映画_{えいが} 영화 | あまり 별로, 그다지

*보기와 같이 이야기해 보세요.

보기

A：昨日は かったですか。

B₁：はい、 暑 かったです。

B₂：いいえ、 暑 くなかったです。

①
さむ
寒い

②
たの
楽しい

③
いそが
忙しい

④
おいしい

보기

A：昨日は でしたか。

B₁：はい、 静か でした。

B₂：いいえ、 静か じゃありませんでした。

①
きれいだ

②
たいへん
大変だ

③
ひまだ

④
にぎやかだ

③

보기

A : 料理 はどうでしたか。

B₁ : とても おいしかったです。

B₂ : あまり おいしくなかったです。

①

部屋/狭い

②

試験/難しい

③

ご両親/元気

④

電子辞書/便利

④

보기

A : あなたは スポーツ が好きですか。

B₁ : はい、好きです。

B₂ : いいえ、好きじゃありません。

　　(いいえ、嫌いです。)

①

お菓子

②

くだもの

③

お酒

④

勉強

① 다음을 듣고 내용과 같은 상황의 그림을 고르세요.

A   B   C   D

(   )   (   )   (   )   (보기)

② 지나와 제레미의 대화를 듣고 두 사람이 좋아하는 것 아래 이름을 적으세요.

보기	A ( )	B (ジェレミー)	C (ジナ)	D ( )
①	A ( )	B ( )	C ( )	D ( )
②	A ( )	B ( )	C ( )	D ( )
③	A ( )	B ( )	C ( )	D ( )

GAME

*보기와 같이 아래에서 알맞은 말을 찾아 빈 칸에 넣으세요.

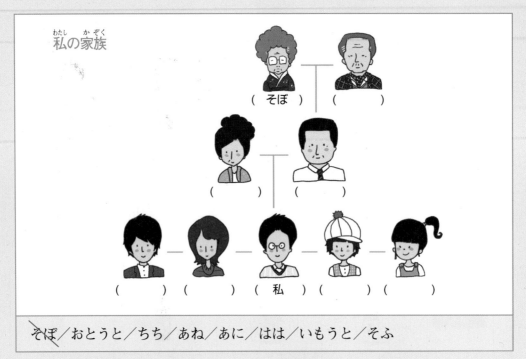

そぼ／おとうと／ちち／あね／あに／はは／いもうと／そふ

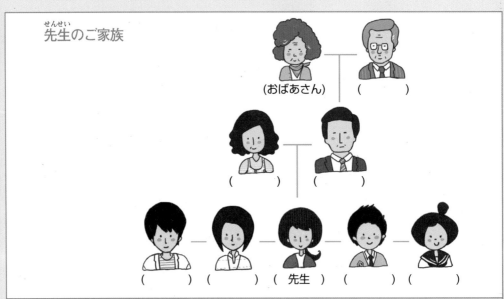

おとうさん／おとうとさん／おねえさん／おじいさん／おかあさん／

おにいさん／いもうとさん／おばあさん

138

14 プレゼントしたいんですが。

선물하고 싶은데요.

Track 74

Key Words & Expressions

ボールペン 볼펜	**プレゼント** 선물	**自転車** 자전거	**切符** 표

バス 버스	**トラック** 트럭	**ハイヒール** 하이힐	**運動靴** 운동화

コンサート 콘서트	**留学** 유학	**パン** 빵	**お金** 돈

海 바다	**ダンス** 댄스	**化粧品** 화장품	**箸** 젓가락

1 ジェレミー あ、新しいボールペンですか。

ジナ はい、昨日買いました。とても書きやすいです。

2 ジェレミー 私も買いたいです。このボールペンは書き
にくいんです。

ジナ じゃあ、これどうぞ。

③ ジェレミー 本当ですか。ありがとう。
　　　　ほんとう

　ジナ　　はい、もう一本ありますから。
　　　　　　　　　　いっぽん

④ ジェレミー ありがとう。ジナさんは他に何がほしいですか。
　　　　　　　　　　　　　　　　　　ほか　なに

　　　　　　プレゼントしたいんですが。

　ジナ　　いえいえ、大丈夫です。
　　　　　　　　　　だいじょう ぶ

①

A あ、新しい ボールペンですか。

　　어,　　새로운　　　　볼펜이군요.

B はい、昨日 買いました。とても 書きやすいです。

　　예,　　어제　　샀습니다.　　　　매우　　　　쓰기 편해요.

동사ます형 + やすい = ~하기 편하다, 좋다, 쉽다

書きやすい 쓰기 편하다(좋다)　　書きやすいです 쓰기 편합니다(좋습니다)

読む (읽다)	読みます	読みやすい	読みやすいです
食べる (먹다)	食べます	食べやすい	食べやすいです
する (하다)	します	しやすい	しやすいです
来る (오다)	来ます	来やすい	来やすいです

②

A 私も 買いたいです。

　　저도　　사고 싶습니다.

この ボールペンは 書きにくいんです。

　이　　볼펜은　　　　쓰기 어려워요.

B じゃあ、これ どうぞ。

　그럼,　　이것　드릴게요.

~たい 어떤 행위를 하고 싶을 때 사용하는 표현으로 자신이 하고자 할 때도 타인의 요구를 물을 때도 사용할 수 있다.

동사ます형 + たい = ~하고 싶다

買いたい 사고 싶다　　　　買いたいです 사고 싶습니다

낱말과 표현

新しい 새롭다, 새것이다 | ボールペン 볼펜 | 昨日 어제 | 買う 사다 | とても 매우 | 書く 쓰다

言う (말하다)	言います	言いたい	言いたいです
作る (만들다)	作ります	作りたい	作りたいです
する (하다)	します	したい	したいです
食べる (먹다)	食べます	食べたい	食べたいです

例 ケーキが 食べたいです。

何が 買いたいですか。

동사ます형 + にくい＝ ～하기 불편하다, 힘들다, 어렵다

書きにくい 쓰기 어렵다　　　　書きにくいです 쓰기 어렵습니다

する (하다)	します	しにくい	しにくいです
行く (가다)	行きます	行きにくい	行きにくいです
飲む (마시다)	飲みます	飲みにくい	飲みにくいです
見る (보다)	見ます	見にくい	見にくいです

3

A 本当ですか。ありがとう。

　정말입니까?　　　　　고마워요.

B はい、もう一本 ありますから。

　예,　　한 자루 더　　　있으니까요.

本当 정말　　　　　　　本当ですか 정말입니까
もう一本 한 자루 더　　　もう一回 한 번 더
もう一杯 한 잔 더　　　　もう一枚 한 장 더

ケーキ 케이크

④

A ありがとう。ジナさんは 他に 何が ほしいですか。
　　고마워요.　　　　　지나 씨는　　그밖에　무엇이　　필요하세요?

　　プレゼントしたいんですが。
　　　　선물하고 싶은데요.

B いえいえ、大丈夫です。
　　아니 아니,　　　괜찮습니다.

ほしい 갖고 싶다, 원한다　　ほしいです 갖고 싶습니다, 원합니다

ほしい 소유하고자 하는 욕구를 표현하는 것으로 우리말에서는 '〜을(를) 갖고 싶다'로 나타내지만 조사 〜が를 사용한다.

> **例** 私は 車が ほしいです。
> 恋人が ほしいですか。

したい 하고 싶다　　したいです 하고 싶습니다

いえいえ いいえ를 줄여서 두 번 반복함으로써 아니라는 표현을 강조함과 동시에 회화체에서 사용되는 친근감의 표현이라 할 수 있다.

　　　　　　たい　（〜하고 싶다）
동사의 ます형 + やすい（〜하기 쉽다）
　　　　　　にくい（〜하기 어렵다）

書く (쓰다)	書きたい	書きやすい	書きにくい
買う (사다)	買いたい	買いやすい	買いにくい
使う (사용하다)	使いたい	使いやすい	使いにくい
食べる (먹다)	食べたい	食べやすい	食べにくい
する (하다)	したい	しやすい	しにくい

他 이외, 그밖에 | プレゼント 선물 | 大丈夫だ 괜찮다 | 車 자동차 | 恋人 연인, 애인

*보기와 같이 이야기해 보세요.

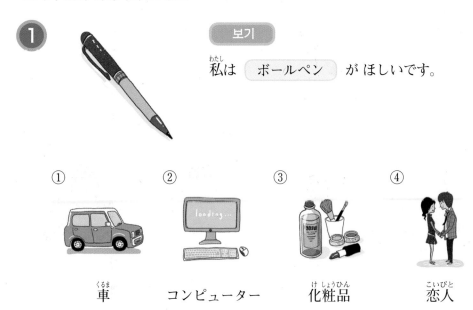

① ボールペン

보기

私^{わたし}は　ボールペン　が ほしいです。

① 車^{くるま}

② コンピューター

③ 化粧品^{け しょうひん}

④ 恋人^{こいびと}

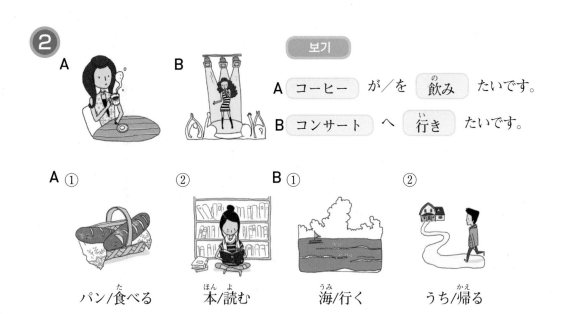

보기

A　コーヒー　が／を　飲^のみ　たいです。

B　コンサート　へ　行<sup>い</sup き　たいです。

A① パン/食^たべる

② 本^{ほん}/読^よむ

B① 海^{うみ}/行く

② うち/帰^{かえ}る

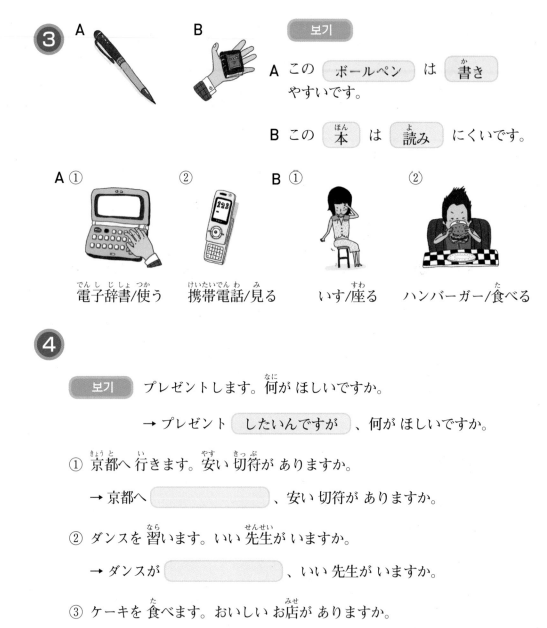

③

A   B

보기

A この ボールペン は 書き やすいです。

B この 本 は 読み にくいです。

A ① 電子辞書/使う ② 携帯電話/見る B ① いす/座る ② ハンバーガー/食べる

④

보기 プレゼントします。何が ほしいですか。

→ プレゼント したいんですが 、何が ほしいですか。

① 京都へ 行きます。安い 切符が ありますか。

→ 京都へ _____ 、安い 切符が ありますか。

② ダンスを 習います。いい 先生が いますか。

→ ダンスが _____ 、いい 先生が いますか。

③ ケーキを 食べます。おいしい お店が ありますか。

→ ケーキが _____ 、おいしい お店が ありますか。

Track 79

1　다음을 듣고 알맞은 답을 고르세요.

보기　ボールペンが (あります)/ ありません)。

① オレンジが (あります ／ ありません)。

② ビールが (あります ／ ありません)。

③ かばんが (あります ／ ありません)。

④ 日本語の 辞書が (あります ／ ありません)。

2　다음을 듣고 알맞은 답을 고르세요.

보기　コーヒーが (飲みたいです)/ 飲みたくないです)。

① 昼ご飯が (食べたいです ／ 食べたくないです)。

② 携帯電話が (買いたいです ／ 買いたくないです)。

③ 京都へ (行きたいです ／ 行きたくないです)。

④ 車が (運転したいです ／ 運転したくないです)。

게임 GAME

*보기와 같이 내용에 맞는 그림을 고르세요.

보기 書^かきやすい ペンは どれですか。

① 乗^のりやすい 自転車^{じ てんしゃ}は どれですか。

② 運転^{うんてん}しやすい 車^{くるま}は どれですか。

③ 歩^{ある}きにくい くつは どれですか。

④ 食^たべにくい くだものは どれですか。

15 총정리

Final Exercises

확인 문제

① 정답을 고르세요.

① はじめまして。私(　　　)キム·ジナです。

　は　／　と　／　も　／　の

② ジェレミーさんは 大学(　　　)2年生です。

　が　／　も　／　は　／　×

③ 私(　　　)大学生です。

　と　／　の　／　も　／　×

④ これ(　　　)教科書です。

　は　／　に　／　と　／　の

⑤ いかは あの 白い(　　　)です。

　が　／　も　／　の　／　×

⑥ この かばん(　　　)いくらですか。

　は　／　が　／　の　／　×

⑦ りんごは ひとつ 100円(　　　)ひとつ 200円です。

　は　／　が　／　と　／　を

⑧ りんご(　　　)ひとつ ください。

　は　／　が　／　と　／　を

⑨ ジナさんの 部屋(へや) (　　　) 新(あたら)しいです。

　　は ／ が ／ と ／ を

⑩ 日本語(にほんご)の 勉強(べんきょう)は 難(むずか)しいです (　　　)、おもしろいです。

　　が ／ と ／ を ／ て

⑪ ソウルは にぎやか (　　　) 有名(ゆうめい)です。

　　が ／ と ／ て ／ で

⑫ ここは 新(あたら)しい (　　　) レストランです。

　　と ／ な ／ て ／ ×

⑬ 京都(きょうと)は とても きれい (　　　) 町(まち)です。

　　な ／ て ／ で ／ ×

⑭ かばん (　　　) あります。

　　は ／ が ／ に ／ で

⑮ ねこは ベッドの 上(うえ) (　　　) います。

　　で ／ に ／ と ／ が

⑯ この 辞書(じしょ)は とても 便利(べんり) (　　　) です。

　　て ／ で ／ な ／ ×

⑰ 9時(くじ) (　　　) 起(お)きます。

　　に ／ で ／ から ／ まで

⑱ 朝(あさ)ご飯(はん) (　　　) 食(た)べます。

　　が ／ で ／ を ／ に

⑲ 図書館（　　　）勉強します。

が　／　で　／　を　／　に

⑳ 学校（　　　）行きます。

が　／　で　／　を　／　へ

㉑ 私はハンバーガー（　　　）好きです。

が　／　で　／　を　／　へ

㉒ 私は昨日 アリヤさん（　　　）映画を 見ました。

が　／　に　／　と　／　の

㉓ デパートで 何（　　　）買いませんでした。

が　／　も　／　を　／　は

㉔ ボールペン（　　　）ほしいんですが、ありますか。

は　／　が　／　と　／　の

㉕ 今日は 5時に うち（　　　）帰りたいです。

も　／　へ　／　で　／　を

아래의 표를 완성하세요.

かく	かきます	かきません	かきました	かきませんでした
かう				
のむ				
とる				
かえる				
おきる				
たべる				
みる				
する				
くる				

3 아래의 표를 완성하세요.

たのしいです			
	おいしくないです		
		あつかったです	
			ひろくなかったです
きれいです			
		しずかでした	

④ 보기와 같이 히라가나로 적으세요.

보기 100円 ひゃく えん

① 340円

② 650円

③ 1800円

④ 12700円

⑤ 그림을 보고 빈 칸에 알맞은 문장을 넣으세요.

보기

A：スジさんの 部屋(へや)は 広(ひろ)いですか。

B：はい、広いです。

① A：スジさんの テレビは 新(あたら)しいですか。

B：

② A：スジさんの 部屋(へや)は 静(しず)かですか。

B：

③ A：スジさんは ひまですか。

B：

6 보기와 같이 빈 칸에 알맞은 문장을 넣으세요.

보기　朝ご飯を [　　　食べます。　　　]

① 朝 8時に 学校へ [　　　　　　　　　]

② 学校で 日本語を [　　　　　　　　　]

③ 図書館で 本を [　　　　　　　　　]

④ うちで 音楽を [　　　　　　　　　]

7 보기와 같이 빈 칸에 알맞은 말을 넣으세요.

보기　A：それは＿＿＿何＿＿＿ですか。　B：えんぴつです。

① A：あなたの かばんは＿＿＿＿＿ですか。　B：あの 赤いのです。

② A：コンビニは＿＿＿＿＿ に ありますか。　B：駅の 前に あります。

③ A：これは＿＿＿＿＿さいふですか。　　　　B：あ、それは 私のです。

④ A：この りんごは＿＿＿＿＿ですか。　　　B：２００円です。

⑤ A：大学の 生活は＿＿＿＿＿ですか。　　　B：楽しいです。

⑥ A：＿＿＿＿＿日本へ 来ましたか。　　　　B：去年 来ました。

⑦ A：図書館で＿＿＿＿＿を しますか。　　　B：勉強します。

⑧ A：それは＿＿＿＿＿本ですか。　　　　　　B：日本語の 本です。

8 보기와 같이 문장을 알맞게 바꿔 보세요.

보기 新しい／大きい

→ 私の 部屋 は 　新しくて、大きい　 です。

① 明るい／きれい

→ いとう先生は 　　　　　　　　　　 先生です。

② 静かだ／おいしい

→ あの レストラン は 　　　　　　　　　　 です。

③ 安い／便利だ

→ この 携帯電話は 　　　　　　　　　　 です。

④ 元気だ／かわいい

→ これは 　　　　　　　　　　 いぬです。

⑤ 好きだ／好きだ

→ 私は トマトが 　　　　　　　　 が、トマトジュースは あまり

⑨ 보기와 같이 문장을 알맞게 바꿔 보세요.

　　보기　食べる → 朝 7時に ご飯を 　　食べます。

① 見る

　　→ この 時計は 　　　　　　　　　やすいです。

② 飲む

　　→ 今日は 暑いです。ジュースが 　　　　　　　　　たいです。

③ する

　　→ いいえ、昨日は テニスを 　　　　　　　　　

④ 座る

　　→ この いすは 　　　　　　　　　にくいです。

⑤ 行く／買う

　　→ 昨日 デパートへ 　　　　　　　　　　、何も

　　　　　　　　　　　　　　　　

⑩ 보기와 같이 빈 칸에 알맞은 말을 아래에서 골라 넣으세요.

　　보기　その かばん、重くないですか。… ＿＿＿いいえ＿＿＿、大丈夫です。

① さようなら。… ＿＿＿＿＿＿、また明日。

② 朝 テニスを しました。… ＿＿＿＿＿＿ 学校へ 行きました。

③ 日本語の 勉強は 難しいです。… ＿＿＿＿＿＿、おもしろいです。

④ 学校は 駅から 近いです。… ＿＿＿＿＿＿ 広いです。

　　　でも　じゃあ　いいえ　そして　それから

정답&
듣기 스크립트

Lesson 03

말하기 연습

1
- ① ソラ／ケビン
- ② キム／パク
- ③ ドン／カリー

2
- ① クリス
- ② まさみ
- ③ テリー
- ④ ミン

3
- ① ソラ／ケビン
- ② キム／パク
- ③ ドン／カリー

4
- ① ただいま／おかえり
- ② しつれいします／どうぞ
- ③ どうぞ／どうも
- ④ すみません／大丈夫です

듣기문제

1
- ① ベン
- ② レナ
- ③ たかはし

2
- A 2
- B 3
- C 보기
- D 1

GAME

★ ただいま →E→ おかえりなさい

★ ありがとうございます →A→ いいえ、どういたしまして

★ いってきます →G→ いってらっしゃい

★ しつれいします →B→ どうぞ

★ すみません →F→ 大丈夫です

★ こんばんは →C→ こんばんは

★ どうぞ →D→ どうも

연습문제

1
- ① こんにちは
- ② こんばんは
- ③ さようなら

2
- ① いってきます。
- ② ありがとうございます。
- ③ すみません。

3
- ① 私です。
- ② どうぞよろしくお願いします。／はじめまして。／こちらこそ、どうぞよろしく。
- ③ どうぞ／どうもありがとうございます。
- ④ ただいま。／おじゃまします。

Lesson 04

말하기 연습

① ① クリスさん／アメリカ人（じん）／会社員（かいしゃいん）
　② まさみさん／日本人（にほんじん）／高校生（こうこうせい）
　③ グレン／イギリス人（じん）／先生（せんせい）
　④ ミン／中国人（ちゅうごくじん）／主婦（しゅふ）

② ① レナさん／カナダ人（じん）／カナダ人（じん）／
　　アメリカ人
　② たかはしさん／中国人（ちゅうごくじん）／中国人（ちゅうごくじん）／
　　日本人（にほんじん）
　③ ベンさん／大学生（だいがくせい）／大学生（だいがくせい）／先生（せんせい）
　④ マリアさん／会社員（かいしゃいん）／会社員（かいしゃいん）／主婦（しゅふ）

③ ① ジュノさん／韓国人（かんこくじん）／サランさん／
　　韓国人（かんこくじん）
　② 私（わたし）／高校生（こうこうせい）／ソラさん／高校生（こうこうせい）
　③ やまださん／会社員（かいしゃいん）／スコットさん
　　／会社員（かいしゃいん）

④ ① ぜろいちぜろの さんにはちろくの
　　ぜろぜろきゅうきゅう
　② ぜろきゅうぜろの よんよんごいちの
　　ななにろくさん
　③ ぜろさんの きゅうはちにごの よん
　　いちろくろく
　④ ぜろきゅうさんの きゅうきゅういち
　　の はちななよんろく

듣기문제

① ① ４７
　② ６５
　③ ８１
　④ ７９

② ① ０６－４３１８－９９２０
　② ０８３－５７１－００３３
　③ ０９０－８１２３－４６５９

③
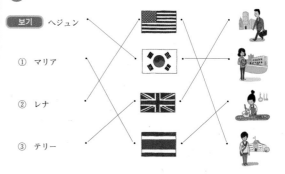

GAME

1)

1	2	3	4
•	•	•	•
5	6	7	8
•	•	•	•
9	10	11	12
•	•	•	•
13	14	15	16
•	•	•	•

2)

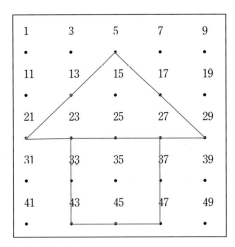

연습문제

① ① にじゅうなな
② さんじゅうよん
③ よんじゅうはち
④ ごじゅう
⑤ ななじゅうきゅう
⑥ きゅうじゅうろく

② ① ぜろろくの はちぜろごごの よん
いちいちきゅう
② ぜろななよんごの ににの ろく
きゅうななよん
③ ぜろよんさんの ななきゅうごの
いちぜろぜろはち

③ ① 大学生じゃありません。
② の
③ も

④ ① はい、そうです。
② いいえ、韓国人です。
（タイ人じゃありません。）
③ いいえ、先生です。
（会社員じゃありません。）
④ も大学生です。

Lesson 05

말하기 | 연습

① ① これ／それ／まぐろ
② それ／これ／いか
③ それ／これ／うなぎ
④ あれ／あれ／アイスクリーム

② ① それ／ハンバーガー／これ／
ハンバーガー／サンドイッチ
② あれ／とんかつ／あれ／とんかつ／
てんぷら
③ これ／シチュー／それ／シチュー／
カレー

③ ① たまご／これ／この／黄色い
② まぐろ／これ／この／赤い
③ うなぎ／あれ／あの／黒い

듣기문제

① ① ② ③

2

보기 インソン

① アンナ

② サラ

③ 私（わたし）

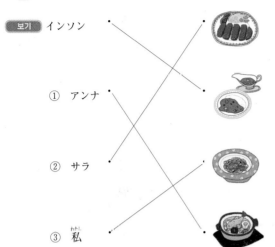

GAME

① いか
② うなぎ
③ まぐろ
④ うどん
⑤ そば
⑥ スパゲッティ
⑦ ラーメン
⑧ カレー
⑨ シチュー
⑩ とんかつ
⑪ てんぷら
⑫ サラダ
⑬ ステーキ
⑭ サンドイッチ
⑮ ハンバーガー

연습문제

1 ① それ／これ
② あれ／あれ
③ これ／それ

2 ① スパゲッティです。
② いいえ、そばじゃありません。
③ あれ
④ あの

2 ① この黒（くろ）いのです。
② この赤（あか）いのです。
③ あの黄色（きいろ）いのです。

Lesson 06

말하기 연습

1 ① 先生（せんせい）／えんぴつ／えんぴつ／先生（せんせい）
② トムさん／教科書（きょうかしょ）／教科書（きょうかしょ）／トムさん
③ エリカさん／かさ／かさ／エリカさん
④ ミジンさん／つくえ／つくえ／ミジンさん

2 ① えんぴつ／先生（せんせい）／けしゴム／先生（せんせい）／先生（せんせい）
② 教科書（きょうかしょ）／トムさん／辞書（じしょ）／トムさん／トムさん
③ かさ／エリカさん／カメラ／エリカさん／エリカさん

④ つくえ／ミジンさん／コンピュータ
ー／ミジンさん／ミジンさん

3 ① かばん／私（わたし）

② めがね／たけおさん

③ カメラ／ケビンさん

④ 時計（とけい）／ジェレミーさん

4 ① 教科書（きょうかしょ）／日本語（にほんご）／教科書（きょうかしょ）

② 雑誌（ざっし）／カメラ／雑誌（ざっし）

③ チケット／コンサート／チケット

④ ＣＤ／クラシック／ＣＤ

듣기문제

1 ① ② ③

ゆうこ　　ジャック　　チョン

2

보기

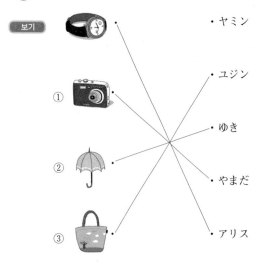

・ヤミン

・ユジン

・ゆき

・やまだ

・アリス

GAME

か	と	け	い	じ	し
ば	ざ	つ	し	す	か
ん	く	よ	や	ご	さ
え	ん	ぴ	つ	い	む
め	が	ね	ふ	ぬ	か

연습문제

1 ① かばん

② かさ

③ 教科書（きょうかしょ）

④ 時計（とけい）

⑤ めがね

⑥ 雑誌（ざっし）

⑦ つくえ

2 ① ジナさんの

② これ

③ あの

3 ① これはヨンエさんのです。

② それはだれの時計（とけい）ですか。

③ これは日本語（にほんご）の教科書（きょうかしょ）です。

④ それは何（なん）ですか。

　（それは何（なん）の雑誌（ざっし）ですか。）

⑤ いいえ、ジェホさんのじゃありません。

　マリさんのです。

Lesson 07

말하기 연습

❶
① みかん／２００円 <ruby>に<rt>にひゃく</rt></ruby> <ruby>えん<rt></rt></ruby>
② バナナ／４００円 （よんひゃく えん）
③ ぶどう／６６０円 （ろっぴゃくろくじゅうえん）
④ すいか／１３００円 （せんさんびゃく えん）

❷
① にんじん／１８０円 （ひゃくはちじゅう えん）
② いちご／３００円 （さんびゃく えん）
③ お酒／２５００円 （さけ　にせんごひゃく えん）
④ ワイン／１７０００円 （いちまんななせん えん）

❸
① オレンジ／８０円／いつつ （はちじゅうえん）
② りんご／１４０円／みっつ （ひゃくよんじゅうえん）
③ かき／１６０円／むっつ （ひゃくろくじゅうえん）
④ 豚肉／２７０円／６００グラム （ぶたにく　にひゃくななじゅうえん　ろっぴゃく）

❹
① トマト／１１０円／１４０円／１１０円／ふたつ／２２０円 （ひゃくじゅうえん　ひゃくよんじゅうえん　ひゃくじゅう　にひゃくにじゅうえん）
② メロン／１９００円／２２００円／１９００円／ひとつ／１９００円 （せんきゅうひゃくえん　にせんにひゃく えん　せんきゅうひゃくえん　せんきゅうひゃくえん）
③ 鶏肉／１７０円／２２０円／１７０円／４００グラム／６８０円 （とりにく　ひゃくななじゅうえん　にひゃくにじゅうえん　ひゃくななじゅうえん　よんひゃく　ろっぴゃくはちじゅうえん）
④ 牛肉／３３０円／６９０円／３３０円／３００グラム／９９０円 （ぎゅうにく　さんびゃくさんじゅうえん　ろっぴゃくきゅうじゅうえん　さんびゃくさんじゅうえん　さんびゃく　きゅうひゃくきゅうじゅうえん）

듣기문제

❶
① ２７０
② ３８０
③ ４１０
④ ２８９０
⑤ ３０００

❷
① １６０／２
② ２００／８
③ ２３０／２００グラム
④ ３００／８００グラム

GAME

① ５００／ごひゃく
② ９３０／きゅうひゃくさんじゅう
③ ８７０／はっぴゃくんななじゅう
④ ２６００／にせんろっぴゃく

연습문제

❶

	1	10	100	1,000	10,000
1	いち	じゅう	ひゃく	せん	いちまん
2	に	にじゅう	にひゃく	にせん	にまん
3	さん	さんじゅう	さんびゃく	さんぜん	さんまん
4	よん／し	よんじゅう	よんひゃく	よんせん	よんまん
5	ご	ごじゅう	ごひゃく	ごせん	ごまん
6	ろく	ろくじゅう	ろっぴゃく	ろくせん	ろくまん
7	なな／しち	ななじゅう	ななひゃく	ななせん	ななまん
8	はち	はちじゅう	はっぴゃく	はっせん	はちまん
9	きゅう／く	きゅうじゅう	きゅうひゃく	きゅうせん	きゅうまん

❷
① このビールはさんびゃくろくじゅうえんです。
② このメロンはせんきゅうひゃくはちじゅうえんです。

③ このワインはにまんよんせんろっぴ
ゃくえんです。

③ ①は／は／を
②は／と／の／を

Lesson 08

말하기 연습

① ①車／高い／車／高
② 本／おもしろい／本／おもしろ
③ 靴／新しい／靴／新し
④ カレー／おいしい／カレー／おいし

② ①遊園地／おもしろく／楽しい
②部屋／うるさく／きたない
③携帯電話／大きく／古い

③ ①飛行機／速い／高い
②アルバイト／楽しい／忙しい
③学校／新しい／遠い

④ ①部屋／うるさい／学校／近い
②かばん／重い／本／多い
③カメラ／安い／古い
④本／おもしろい／絵／多い

듣기문제

① ①  ② ③

② A 2
B 보기
C 1
D 3

GAME

・たかい ⇔ やすい

・くらい ⇔ あかるい

・おもい ⇔ かるい

・ひろい ⇔ せまい

・さむい ⇔ あつい

・あたらしい ⇔ ふるい

・ながい ⇔ みじかい

연습문제

① ①狭い
②暗い
③高い
④易しい

② ①短くないです。
②少なくないです。
③古くないです。
④寒くないです。

③ ①この靴は高いです。
②この教室は狭いです。
③この車は安くないです。
④この部屋は暗くないです。

④ ①古いです。（新しくないです。）
　②大きいです。（小さくないです。）
　③多いです。

답변의 예

⑤ ①広いです。
　②かわいいです。
　③暗くないです。
　④遠くないです。

Lesson 09

말하기 연습

❶ ①教室／静か
　②ミンホ／元気
　③部屋／きれい
　④東京／にぎやか

❷ ①教室／静か
　②ジュノ／元気
　③部屋／きれい
　④京都／にぎやか

❸ ①やまださん／親切／学生
　②桜／きれい／花
　③富士山／有名／山
　④コンビニ／便利／店

❹ ①ソウル／にぎやか／有名
　②ミン先生／元気／親切
　③コンビニ／きれい／便利
　④地下鉄／便利／安全

듣기문제

❶ ① ② ③

❷ ①C
　②A

GAME

い 형용사

せまい、ながい、あたらしい、みじかい、ちいさい、ふるい、ながい、たかい、ひろい、やすい

な 형용사

べんり、ユニーク、ゆうめい、げんき、にぎやか、しんせつ、ひま、きれい、だいじょうぶ

연습문제

❶ ①ひまです
　②にぎやかです
　③元気です
　④有名です
　⑤ユニークです
　⑥便利です
　⑦静かです

❷

しんせつです	しんせつじゃありません
きれいです	きれいじゃありません
べんりです	べんりじゃありません
ゆうめいです	ゆうめいじゃありません
ひまです	ひまじゃありません

❸ ① 有名（ゆうめい）な
② 元気（げんき）／親切（しんせつ）
③ 静（しず）かじゃありません
④ どう

❹ ① はい、きれいです。
② いいえ、静（しず）かじゃありません。
③ はい、元気（げんき）です。
④ いいえ、ひまじゃありません。

Lesson 10

말하기 연습

❶ ① 花（はな）
② 時計（とけい）
③ 郵便局（ゆうびんきょく）
④ 銀行（ぎんこう）

❷ ① ねこ
② 子供（こども）
③ 恋人（こいびと）
④ 先生（せんせい）

❸ ① テレビ／前（まえ）／新聞（しんぶん）
② かばん／下（した）／めがね
③ はこ／中（なか）／いぬ
④ 車（くるま）／よこ／子供（こども）

❹ ① 靴（くつ）／いす／前（まえ）
② 携帯電話（けいたいでんわ）／かばん／よこ
③ ねこ／ソファ／後（うし）ろ
④ さる／温泉（おんせん）／中（なか）

듣기문제

❶ ① （×） ② （×）
③ （○） ④ （○）
⑤ （×） ⑥ （×）
⑦ （○） ⑧ （×）

❷ ① B ② A
③ A

GAME

1 ① 下（した） ② 上（うえ）
③ 中（なか） ④ 前（まえ）

2 （パク）（ミン）（カール）（ハミル）
ねこ（ガイ）（私（わたし））テーブル

연습문제

❶ ① 下（した） ② 前（まえ）
③ 後（うし）ろ ④ 左（ひだり）
⑤ 右（みぎ） ⑥ 中（なか）
⑦ よこ

② ① に／が
② の／に／が／が
③ は／に／の／に
④ に／が／は

③ ① つくえの上にあります。
② ベッドの中にいます。
③ 下にかばんがあります。
④ 前に靴があります。

답변의 예

④ ① いすの下にあります。
② さいふがあります。
③ 本があります。
④ つくえの上にあります。

Lesson 11

① A ① コーヒー／飲み
② スポーツ／し
B ① 学校／行き
② うち／帰り

② ① デパート／かばん／買い
② 部屋／テレビ／見
③ 学校／テニス／し
④ 教室／日本語／勉強し

③ ① 音楽／聞き／聞き
② テレビ／見／見

③ ケーキ／食べ／食べ
④ サッカー／し／し

④ ① よじごふん
② しちじさんじゅっぷん
③ くじよんじゅうごふん
④ じゅういちじごじゅうごふん

① A 2
B 보기
C 3
D 1

② A 3
B 보기
C 1
D 2

① 飲みます
② 行きます
③ 勉強します
④ 食べます
⑤ します
⑥ 帰ります
⑦ 聞きます
⑧ 食べます
⑨ 見ます
⑩ 読みます
⑪ 寝ます

1

～ます	～ません	그룹	기본형
かいます	かいません	1	かう
ききます	ききません	1	きく
よみます	よみません	1	よむ
かえります	かえりません	1	かえる
みます	みません	2	みる
たべます	たべません	2	たべる
いきます	いきません	1	いく
べんきょうします	べんきょうしません	3	べんきょうする

2 ① に ② を
③ へ(に) ④ で／を

3 ① 何^{なに}
② どこ
③ 何時^{なんじ}

답변의 예

4 ① 6時^{ろくじ}に起^おきます。
② 部屋^{へや}で読^よみます。
③ はい、聞^ききます。
④ スポーツをします。

Lesson 12

1 ① ロック／聞^きき
② レポート／書^かき
③ サンドイッチ／食^たべ
④ テニス／し

2 ① クラシック／聞^きき／聞^きき
② 手紙^{てがみ}／書^かき／書^かき
③ ハンバーガー／食^たべ／食^たべ
④ ゴルフ／し／し

3 ① 先生^{せんせい}／ビール／飲^のみ
② 恋人^{こいびと}／映画^{えいが}／見^み
③ お母^{かあ}さん／料理^{りょうり}／作^{つく}り
④ 友達^{ともだち}／バスケット／し

4 ① 何^{なに}／見^み
② 何^{なに}／読^よみ
③ 誰^{だれ}と／遊^{あそ}び
④ どこへ／行^いき

1 ① 作^{つく}りました。
② 買^かいました。
③ 見^みました。
④ 飲^のみました。

2 ① 読^よみました
② 買^かいませんでした
③ 飲^のみました
④ 食^たべませんでした

(8)(1)(5)
(6)(4)(7)
(2)(9)(3)

168

1

기본형	～ます	～ません	～ました	～ませんでした
かう	かいます	かいません	かいました	かいません でした
おきる	おきます	おきません	おきました	おきません でした
のむ	のみます	のみません	のみました	のみません でした
かえる	かえります	かえりません	かえりました	かえりません でした
ねる	ねます	ねません	ねました	ねません でした
つくる	つくります	つくりません	つくりました	つくりません でした
いく	いきます	いきません	いきました	いきません でした
べんきょう する	べんきょう します	べんきょう しません	べんきょう しました	べんきょう しませんでした

2
① 読みませんでした。
② 勉強しませんでした。
③ 行きましたか。
④ 何も買いませんでした。

3
① から／まで／を／読みました。
② と／を／飲みました。
③ で／を／買いました。
④ に／へ／帰りました。
⑤ と／を／作りました。

Lesson 13

1
① 寒／寒／寒
② 楽し／楽し／楽し
③ 忙し／忙し／忙し

④ おいし／おいし／おいし

2
① きれい／きれい／きれい
② 大変／大変／大変
③ ひま／ひま／ひま
④ にぎやか／にぎやか／にぎやか

3
① 部屋／狭かったです。／狭くなっかたです。
② 試験／難しかったです。／難しくなかったです。
③ ご両親／元気でした。／元気じゃありませんでした。
④ 電子辞書／便利でした。／便利じゃありませんでした。

4
① お菓子
② くだもの
③ お酒
④ 勉強

1
A 2
B 1
C 3
D 보기

2
① A（ジェレミー）C（ジナ）
② A（ジナ）D（ジェレミー）
③ C（ジェレミー）D（ジナ）

GAME

私の家族 (わたし かぞく)

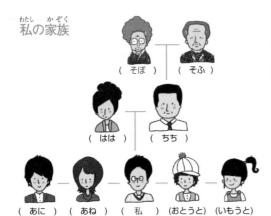

(そぼ) (そふ)

(はは) (ちち)

(あに) (あね) (私) (おとうと) (いもうと)

先生のご家族 (せんせい)

(おばあさん) (おじいさん)

(おかあさん) (おとうさん)

(おにいさん) (おねえさん) (先生) (おとうとさん) (いもうとさん)

連習問題

① ①の／は／が
②は／が
③の／は
④は／と／を

② ①難しかったです。(むずか)
②上手でした。(じょうず)

③ 忙しくなかったです。(いそが)

④ きれいじゃありませんでした。

답변의 예

③ ①はい、好きです。(す)
②いいえ、上手じゃありません。(じょうず)
③はい、楽しかったです。(たの)
④いいえ、寒くなかったです。(さむ)

Lesson 14

말하기 연습

① ①車 (くるま)
②コンピューター
③化粧品 (けしょうひん)
④恋人 (こいびと)

② A ①パン／食べ (た)
②本／読み (ほん／よ)
B ①海／行き (うみ／い)
②うち／帰り (かえ)

③ A ①電子辞書／使い (でんしじしょ／つか)
②携帯電話／見 (けいたいでんわ／み)
B ①いす／座り (すわ)
②ハンバーガー／食べ (た)

④ ①行きたいんですが
②習いたいんですが (なら)
③食べたいんですが (た)

듣기문제

1 ① あります
② ありません
③ あります
④ ありません

2 ① 食べたくないです
② 買いたいです
③ 行きたくないです
④ 運転したくないです

GAME

① B
② A
③ A
④ C

연습문제

1

します	したいです	したくないです
食べます	食べたいです	食べたくないです
見ます	見たいです	見たくないです
読みます	読みたいです	読みたくないです
行きます	行きたいです	行きたくないです
使います	使いたいです	使いたくないです

2 ① 私は映画が見たいです。
② 私がテニスがしたいです。
③ 私はコンサートへ行きたいです。
④ 私はうちへ帰りたいです。

3 ① この自転車は乗りにくいです。
② このベッドは寝やすいです。
③ このラーメンは食べにくいです。
④ この運動靴は歩きやすいです。

Lesson 15

1

① は	⑯ ×
② ×	⑰ に
③ も	⑱ を
④ は	⑲ で
⑤ の	⑳ へ
⑥ は	㉑ が
⑦ と	㉒ と
⑧ を	㉓ も
⑨ は	㉔ が
⑩ が	㉕ へ
⑪ で	
⑫ ×	
⑬ な	
⑭ が	
⑮ に	

❷

かく	かきます	かきません	かきました	かきませんでした
かう	かいます	かいません	かいました	かいませんでした
のむ	のみます	のみません	のみました	のみませんでした
とる	とります	とりません	とりました	とりませんでした
かえる	かえります	かえりません	かえりました	かえりませんでした
おきる	おきます	おきません	おきました	おきませんでした
たべる	たべます	たべません	たべました	たべませんでした
みる	みます	みません	みました	みませんでした
する	します	しません	しました	しませんでした
くる	きます	きません	きました	きませんでした

❸

たのしいです	たのしくないです	たのしかったです	たのしくなかったです
おいしいです	おいしくないです	おいしかったです	おいしくなかったです
あついです	あつくないです	あつかったです	あつくなかったです
ひろいです	ひろくないです	ひろかったです	ひろくなかったです
きれいです	きれいじゃ ありません	きれいでした	きれいじゃ ありませんでした
しずかです	しずかじゃ ありません	しずかでした	しずかじゃ ありませんでした

❹
① さんびゃくよんじゅうえん
② ろっぴゃくごじゅうえん
③ せんはっぴゃくえん
④ いちまんにせんななひゃくえん

❺
① いいえ、新しくないです。(古いです。)
② いいえ、静かじゃありません。
　　　　　(うるさいです。)
③ はい、ひまです。

❻
① 行きます。　② 勉強します。
③ 読みます。　④ 聞きます。

❼
① どれ　　　　② どこ
③ 誰の　　　　④ いくら
⑤ どう　　　　⑥ いつ
⑦ 何　　　　　⑧ 何の

❽
① 明るくて、きれいな
② 静かで、おいしい
③ 安くて、便利
④ 元気で、かわいい
⑤ 好きです／好きじゃありません。

❾
① 見
② 飲み
③ しませんでした。
④ 座り
⑤ 行きました／買いませんでした。

❿
① じゃあ
② それから
③ でも
④ そして

Lesson 03

1. 보기 はじめまして。さいとうです。
    どうぞよろしくお願いします。

① はじめまして。ベンです。
  どうぞよろしくお願いします。

② はじめまして。レナです。
  どうぞよろしくお願いします。

③ はじめまして。たかはしです。
  どうぞよろしくお願いします。

2. 보기

  A しつれいします。

  B はい、どうぞ。

① A ありがとうございます。

  B いいえ、どういたしまして。

② A 先生、おはようございます。

  B あ、おはよう。

③ A お母さん、いってきます。

  B はい、いってらっしゃい。

Lesson 04

1. 보기 じゅうに

  ① よんじゅうなな

② ろくじゅうご

③ はちじゅういち

④ ななじゅうきゅう

2. 보기 ぜろいちの にさんよんごの
    ろくななはちきゅう

① ぜろろくの よんさんいちはちの
  きゅうきゅうにぜろ

② ぜろはちさんの ごなないちの ぜろぜろ
  さんさん

③ ぜろきゅうぜろの はちいちにさんの
  よんろくごきゅう

3. 보기 ヘジュンさんは韓国人です。
    大学生です。

① マリアさんはタイ人です。主婦です。

② レナさんはアメリカ人です。高校生です。

③ テリーさんはイギリス人です。会社員です。

Lesson 05

1. 보기

  A すみません、これは何ですか。

  B それはうどんです。

  A そうですか。うどんですね。

① A すみません、これはスパゲッティですか。

B　いいえ，それはラーメンです。

A　ああ、ラーメンですか。

② A　あれはハンバーガーですか。

B　いいえ、あれはハンバーガーじゃあり

　　ません。サンドイッチです。

A　ああ、サンドイッチですか。どうもあ

　　りがとうございます。

③ A　あの、これは何ですか。

B　ああ、それですか。それはシチューです。

A　シチューですか。

2.

私　　　　はい、これはメニューです。じゃあ、

　　　　インソンさん。

インソン　私はカレーお願いします。

私　　　　インソンさんはカレーですね。

　　　　はい、アンナさんは？

アンナ　あの、この白いのは何ですか。

私　　　　ああ、それはうどんですよ。

アンナ　うどん。じゃあ、私はこれ。

私　　　　はい、アンナさんはうどん。

　　　　サラさんは何ですか。

サラ　　私はこれです。てんぷら。

私　　　　サラさん、それはてんぷらじゃありま

　　　　せん。とんかつです。

サラ　あ、そうですか。じゃあ、とんかつです。

私　　私はスパゲッティ。えー、インソンさ

　　んはカレー、アンナさんはうどん、サ

　　ラさんはとんかつでオッケーですね。

Lesson 06

1.　보기　それはタンさんのさいふです。

① これはゆうこさんの写真です。

② それはジャックさんのめがねです。

③ あの辞書はチョンさんのです。

2.　보기

A　これはアリスさんの時計ですか。

B　はい、そうです。

① A　それはやまださんのカメラですか。

B　はい、そうです。やまださんのです。

② A　これはユジンさんのかさですか。

B　いいえ、ユジンさんのじゃありませ

　　ん。ゆきさんのです。

③ A　これはヤミンさんのかばんですか。

B　いいえ、私のじゃありません。ユジン

　　さんのです。

1. 보기

    A すみません。そのももはいくらですか。

    B 150円です。

    A 150円ですね。

① A すみません。そのビールはいくらですか。

   B これですか。これは270円です。

   A 270円ですね。じゃあ、それお願い

     します。

② A すみません。そのバナナはいくらですか。

   B これは380円です。

   A はい、830円。

   B いいえ、380円です。

   A あ、380円ですね。

③ A すみません。このなしはいくらですか。

   B それは410円です。あれは240円です。

   A じゃあ、これください。410円ですね。

④ A すみません。このメロンはいくらですか。

   B 2890円です。

   A そうですか。はい、これ、2000円です。

   B あの、2890円です。

⑤ A すみません。そのワインはいくらですか。

   B 3000円です。

   A え、30000円ですか。

B いいえ、3000円です。

A そうですか。じゃあ、それください。

2. 보기

    A すみません。そのりんごはいくらですか。

    B ひとつ150円です。

    A 150円。じゃあ、みっつください。

① A すみません。このジュースはいくらで

     すか。

   B ひとつ160円です。

   A じゃあ、ふたつお願いします。

② A すみません。みかんはいくらですか。

   B ひとつ200円です。

   A そうですか。じゃあ、やっつください。

   B え、よっつですか。

   A いいえ、やっつです。

③ A すみません。鳥肉はいくらですか。

   B 100グラム230円です。

   A そうですか。
     じゃあ、200グラムください。

   B はい、100グラムですね。

   A いいえ、200グラムです。

④ A すみません。牛肉はいくらですか。

   B 100グラム300円と100グラム
     800円です。

A そうですか。うーん、じゃあ、３００
円のを８００グラムお願いします。

B はい、８００グラムですね。

Lesson 08

1. 보기

A ジナさんのかばんはこの重いのですか。

B はい、そうです。

① A ウンジさんのかさはどちらですか。

B その古いのです。

② A 明るい部屋ですね。

B そうですか。

③ A くみこさんのいぬは足が長いですか。

B いいえ、長くないです。

2. 보기

A うわー、広い部屋ですね。

B はい、そして明るいですが、駅から遠
いです。

① A 駅から近いですね。

B ええ、でも、とても暗くて狭いです。

② A この部屋は広くて駅からも近いですね。

B ええ、あまり新しくないですが…。

③ A 狭いですが、あまり暗くないですね。

B ええ、でも、駅からは近くないです。

Lesson 09

1. 보기

A ヨウさんのクラスはどうですか。

B あまり静かじゃありません。

① A キムさんの先生はパク先生ですか。

B はい、とても親切な先生ですよ。

② A お店はどうですか。

B そうですね、朝はいつもひまです。

③ A この携帯電話、古いですね。

B そうなんです。大きくてあまり便利
じゃありません。

2.

① A アミさんの部屋はどうですか。

B とてもきれいです。でも…。

A 狭いですか。

B いいえ、狭くないです。でもあまり静
かじゃありません。

② A あのレストランはどうですか。

B ああ、あそこですか。きれいです。

A そうですか。有名ですか。

B はい、とても有名です。いつも忙しいです。

Lesson 10

1. 보기

テーブルの上にコーヒーがあります。

① ソファの下にねこがいます。
② つくえの中にかばんがあります。
③ テーブルの下に新聞があります。
④ ベッドの上にさるがいます。
⑤ ドアのよこに時計があります。
⑥ 靴はベッドの上にあります。
⑦ かさはソファのよこにあります。
⑧ 携帯電話はテーブルの前にあります。

2. 보기

A それ、私のかばんです。

B どこですか。

A そこです。ベッドの下です。

① A あ、あそこにティエンさんがいます。

B え、どこにいますか。

A ほら、あそこです。ドアのよこにいます。

② A あ、あそこです。私のお父さんがいます。

B え、どこですか。

A あそこに車がありますね。
車の中にいます。

③ A ここが私の教室です。私のつくえはあれです。

B え、どれですか。

A あそこにかさがあります。あのかさの左が私のつくえです。

Lesson 11

1. 보기

テニスをします。

① コーヒーを飲みます。
② 音楽を聞きます。
③ 本を読みます。

2. 보기

A どこへ行きますか。

B デパートへ行きます。

① A カレンさん、どこへ行きますか。

B 図書館です。明日テストがあります。

② A 今からテニスをしませんか。

B すみません。今日は家に帰ります。

③ A 今から昼ご飯ですか。

B はい、今日はスパゲッティを食べます。

Lesson 12

1. 보기

A 昼ご飯を食べましたか。

B はい、今日はサンドイッチを食べました。

① A そのかばんを買いましたか。

B いいえ、私が作りました。

② A 朝、コンビニへ行きましたか。

B はい、新聞を買いました。

③ A 日曜日に何をしましたか。

B 父とゴルフを見ました。

④ A 昨日はどこへ行きましたか。

B デパートです。友達とコーヒーを
飲みました。

2.

昨日は図書館へ行きました。日本語の本を読みました。それから友達と本屋へ行きました。雑誌を見ましたが、何も買いませんでした。友達と一緒にビールを飲みましたが、晩ご飯を食べませんでした。

Lesson 13

1. 보기

A 昨日はどうでしたか。

B とてもおいしかったです。

① A 昨日はどうでしたか。

B とてもひまでした。

② A 昨日はどうでしたか。

B あまり静かじゃありませんでした。

③ A 昨日はどうでしたか。

B とてもおもしろかったです。

2. 보기

ジナ　ジェレミーさん、お酒が好きですか。

ジェレミー　はい、私はビールが大好きです。
ジナさんは?

ジナ　私はワインですね。

①

ジナ　スポーツは何が好きですか。

ジェレミー　私はテニスがとても好きです。

ジナ　私の母もテニスが上手ですが、私はあまり上手じゃありません。私はスキーが好きです。

②

ジェレミー　ジナさんはハンバーガーを食べますか。

ジナ　　　いいえ、あまり。ジェレミーさんは？

ジェレミー　よく食べます。

ジナ　　　私はラーメンが好きです。

ジェレミー　私はラーメンもスパゲッティもあまり好きじゃありません。

③

ジナ　　　日曜日に図書館へ行きますか。

ジェレミー　いいえ、あまり。私は山に行きます。山登りが好きです。

ジナ　　　そうですか。私はよく本屋へ行きますが、山登りは…。

ジェレミー　ジナさんは本が好きですね。

Lesson 14

1. 보기

A　あの、ボールペンがほしいんですが。

B　あ、ボールペンはあそこにあります。

① A　あの、オレンジがほしいんですが。

B　はい、いくつですか。

② A　あの、ビールがほしいんですが。

B　あ、すみませんが、お酒はありません。

③ A　あの、そのかばんがほしいんですが。

B　この黒いのですね。

④ A　あの、日本語の辞書がほしいんですが。

B　日本語の教科書はありますが、辞書は…。

2. 보기

A　何を飲みますか。

B　私はコーヒーをお願いします。

① A　アンさん、昼ご飯に行きませんか。

B　すみません。昨日お酒をたくさん飲みました。だから今は何も。

② A　その携帯電話、古いですね。

B　ええ、そろそろ新しいのがほしいです。

③ A　京都旅行はどうですか。

B　今はとても寒いです。
沖縄はどうですか。

④ A　車を運転しますか。

B　いいえ、私は車が好きじゃありません。

100쇄를 돌파한 BEST 학원 교재의 완전개정판!

강의 교재의 바이블!
다년간 신문사 히트 상품 선정!

권당 18과
학원 2~3개월 수업용

New 뱅크 일본어 STEP 1~2
일본어 처음 글자부터 기초회화 및 문법 완성!
새로운 디자인과 그림으로 기존 교재 리뉴얼!
박순애 저 | 발음 CD 1장, 종합TEST, 펜맨십 | 각 권 13,000원

[회화]
일본의 한국 지사에서 근무하면서 일어나는 일들을 소재로 회화를 엮었습니다.

[회화 연습]
단순한 '바꾸어 말하기'에서 벗어나 그림을 보고 자신의 생각을 일본어로 표현하도록 구성되어 있습니다.

[문법과 문형]
그 과에서 새로 나온 문법과 문형을 예문에 반영하고 설명하였습니다.

[낱말과 표현]
그 과에서 새로 나온 어휘를 수록하였습니다.

1 보기와 같이 말풍선 안에 알맞은 인사말을 넣으세요.

보기
AM 9:00 おはようございます

① PM 1:00

② PM 8:00

③ PM 5:00

2 보기와 같이 빈 칸에 알맞은 문장을 넣으세요.

보기

A : どうぞ。
B : どうも。

① A :
B : いってらっしゃい。

② A :
B : いいえ、どういたしまして。

③ A :
B : 大丈夫です。

③ 그림을 보고 빈 칸에 알맞은 문장을 넣으세요.

①

つとむ：キム・ジナさん。

ジ　ナ：はい、＿＿＿＿＿＿＿＿＿

②

ジ　ナ：はじめまして。 キム・ジナです。

＿＿＿＿＿＿＿＿＿＿＿

つとむ：＿＿＿＿＿＿＿＿＿　<ruby>西川<rt>にしかわ</rt></ruby>・<ruby>勉<rt>つとむ</rt></ruby>です。

＿＿＿＿＿＿＿＿＿＿＿

③

つとむ：＿＿＿＿＿＿＿＿＿、ジナさん。

ジ　ナ：＿＿＿＿＿＿＿＿＿

④

つとむ：＿＿＿＿＿＿＿＿＿

ゆうこ：おかえりなさい。

ジ　ナ：＿＿＿＿＿＿＿＿＿

1 보기와 같이 숫자를 히라가나로 적어 보세요.

> 보기　１５　→　じゅうご

① ２７　→ [   ]　② ３４　→ [   ]

③ ４８　→ [   ]　④ ５０　→ [   ]

⑤ ７９　→ [   ]　⑥ ９６　→ [   ]

2 보기와 같이 숫자를 히라가나로 적어 보세요.

> 보기　０１－２３４５－６７８９

> 　　　→　ぜろいちの にさんよんごの ろくななはちきゅう

① ０６－８０５５－４１１９ → [   ]

② ０７４５－２２－６９７４ → [   ]

③ ０４３－７９５－１００８ → [   ]

3 보기와 같이 올바른 것에 동그라미 치세요.

> 보기　Ａ：キム・ジナさんですか。Ｂ：はい、┌ キム・ジナさんです。
> 　　　　　　　　　　　　　　　　　　　└ (キム・ジナ)です。

① Ａ：リーさんは 大学生（だいがくせい）ですか。Ｂ：いいえ、┌ 大学生です。
　　　　　　　　　　　　　　　　　　　　　　　　└ 大学生じゃありません。

② Ａ：ナタリーさんは 先生（せんせい）ですか
　　Ｂ：はい、日本語学校（にほんごがっこう）┌ の ┐ 先生です。
　　　　　　　　　　　　　　　　　　　　└ も ┘

③ たくやさんは 会社員（かいしゃいん）です。　ゆみさん ┌ の ┐ 会社員です。
　　　　　　　　　　　　　　　　　　　　　　　└ も ┘

④ 그림을 보고 보기와 같이 대답해 보세요.

たかはし

日本人/会社員

ベキ

オーストラリア人/大学生

ベン

カナダ人/先生

ジナ

韓国人/大学生

> 보기　たかはしさんは 日本人ですか。　B：はい、そうです。

① A：ベンさんは カナダ人ですか。　B：

② A：ジナさんは タイ人ですか。　　B：

③ A：ベンさんは 会社員ですか。　　B：

④ ベキさんは 大学生です。ジナさん

4

1 보기와 같이 빈 칸에 알맞은 말을 넣으세요.

보기 ① ② ③

보기 　A：これは 何^{なん}ですか。

　　　B：それは うどんです。

① 　A：〔　　　　　　〕は 何ですか。

　　 B：〔　　　　　　〕は サンドイッチです。

② 　A：〔　　　　　　〕は 何ですか。

　　 B：〔　　　　　　〕は ハンバーガーです。

③ 　A：〔　　　　　　〕は 何ですか。

　　 B：〔　　　　　　〕は てんぷら定食^{ていしょく}です。

2 보기와 같이 올바른 것에 동그라미 치세요.

보기 　A：これは カレーですか。 B：┌ カレーです。

　　　　　　　　　　　　　　　　　　└ (はい、カレーです)

① 　A：それは 何ですか。　　 B：┌ スパゲッティです。

　　　　　　　　　　　　　　　　 └ はい、スパゲッティです。

② 　A：あれは そばですか。 B：┌ そばじゃ ありません。

　　　　　　　　　　　　　　　　 └ いいえ、そばじゃ ありません。

③　A：ラーメンは どれですか。　　B：┌あれ┐です。
　　　　　　　　　　　　　　　　　　　　└あの┘

④　A：スパゲッティは どれですか。 B：┌あれ┐ 赤(あか)いのです。
　　　　　　　　　　　　　　　　　　　　└あの┘

3 그림을 보고 빈 칸에 알맞은 문장을 넣으세요.

보기 A：いかは どれですか。

　　　B：それです。その 白(しろ)いのです。

① A：うなぎは どれですか。

　 B：これです。

② A：まぐろは どれですか。

　 B：これです。

③ A：たまごは どれですか。

　 B：あれです。

1 그림을 보고 보기와 같이 빈 칸에 알맞은 말을 넣으세요.

보기   ①   ②   ③

_____さいふ_____   _____   _____   _____

④   ⑤   ⑥   ⑦

_____   _____   _____   _____

2 보기와 같이 올바른 것에 동그라미 치세요.

보기   A：それは 何の 雑誌ですか。

         B：これは ⎡ カメラの ⎤ 雑誌です。
                   ⎣ 私の ⎦

①   A：その さいふは ジナさんのですか。

     B：はい、⎡ ジナさん ⎤ です。
            ⎣ ジナさんの ⎦

②   A：⎡ これ ⎤ は 先生のですか。
         ⎣ この ⎦

     B：はい、そうです。

③   A：⎡ あの ⎤ 教科書は トムさんのですか。
         ⎣ あれ ⎦

     B：いいえ、トムさんのじゃありません。

3 그림을 보고 보기와 같이 알맞은 문장을 만들어 보세요.

보기 　A：それは 誰の さいふですか。

　　　　B：これは ジナさんのです。

① A：それは 誰の かばんですか。

　 B：

② A：

　 B：これは マークさんのです。

③ A：それは 何の 教科書ですか。

　 B：

④ A：

　 B：これは カメラの 雑誌です。

⑤ A：それは ジェホさんの かさですか。

　 B：

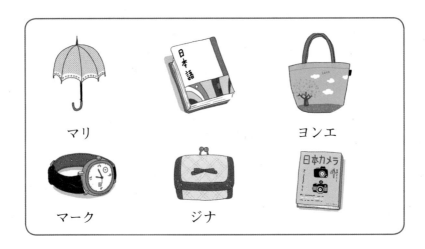

マリ　　　　　　　　　　　　　　　　　ヨンエ

マーク　　　　　ジナ

1 아래의 표를 완성하세요.

	1	10	100	1,000	10,000
1	いち	じゅう			
2			にひゃく		
3					
4					
5				ごせん	
6					
7					
8					
9					きゅうまん

2 그림을 보고 보기와 같이 빈 칸에 알맞은 문장을 만들어 보세요.

보기 ① ② ③

りんご/150円　　ビール/360円　　メロン/1980円　　ワイン/24600円

보기　この りんごは ひゃくごじゅうえんです。

①

②

③

3 빈 칸에 알맞은 조사를 넣으세요.

① A：すみません。この りんご 　　　 いくらですか。

　　B：それ 　　　 １５０円です。
　　　　　　　　　ひゃくごじゅうえん

　　A：じゃあ、りんご 　　　 みっつ ください。

② A：すみません。牛肉 　　　 いくらですか。
　　　　　　　　　ぎゅうにく

　　B：１００グラム ２９０円 　　　 ４３０円です。
　　　　　ひゃく　　にひゃくきゅうじゅうえん　　　　よんひゃくさんじゅうえん

　　A：じゃあ、２９０円 　　　 　　　 ３００グラム
　　　　　　　　　　　　　　　　　　　　　　さんびゃく

　　　お願いします。
　　　ねが

1 보기와 같이 반대의 의미를 가진 단어를 넣으세요.

> **보기** 大_{おお}きい ⇔ 小_{ちい}さい

① 広_{ひろ}い ⇔ [　　　　　]

② 明_{あか}るい ⇔ [　　　　　]

③ [　　　　　] ⇔ 低_{ひく}い

④ [　　　　　] ⇔ 難_{むずか}しい

2 보기와 같이 같은 의미를 가진 문장을 만드세요.

> **보기** 高_{たか}いです。 ＝ 安_{やす}くないです。

① 長_{なが}いです。 ＝ [　　　　　]

② 多_{おお}いです。 ＝ [　　　　　]

③ 新_{あたら}しいです。 ＝ [　　　　　]

④ 暑_{あつ}いです。 ＝ [　　　　　]

3 보기와 같이 문장을 만들어 보세요.

> **보기** この かばん／小さい ＝ この かばんは 小さいです。
>
> この かばん／重_{おも}い× ＝ この かばんは 重くないです。

① この 靴_{くつ}／高い ＝ [　　　　　]

② この 教室_{きょうしつ}／狭_{せま}い ＝ [　　　　　]

③ この 車_{くるま}／安い× ＝ [　　　　　]

④ この 部屋_{へや}／暗_{くら}い× ＝ [　　　　　]

4 그림을 보고 보기와 같이 빈 칸에 알맞은 문장을 넣으세요.

A：ワンさんの 部屋は 広いですか。

B：はい、広いです。

① A：ワンさんの テレビは 新しいですか。

B：いいえ、

② A：ワンさんの ベッドは 小さいですか。

B：いいえ、

③ A：ワンさんの 本は 多いですか。

B：はい、

5 보기와 같이 각자 빈 칸에 알맞은 문장을 만들어 보세요.

보기　日本語は とても おもしろいです。

① ソウルは とても

② 私の 恋人は とても

③ 私の 部屋は あまり

④ 学校は あまり

① 그림을 보고 보기와 같이 빈 칸에 알맞은 말을 적으세요.

보기   ①   ②   ③

きれいです   _____   _____   _____

④   ⑤   ⑥   ⑦

_____   _____   _____   _____

② 아래의 표를 완성하세요.

しんせつです	しんせつじゃありません
きれいです	
べんりです	
ゆうめいです	
ひまです	

3 올바른 것에 동그라미 치세요.

① 京都は 「有名な / 有名」 町です。

② かとう先生は とても 「元気 / 元気な」 で 「親切 / 親切な」 です。

③ あの レストランは 「静かくないです / 静かじゃありません」 が、とても 有名です。

④ A：東京は 「どう / どこ」 ですか。

B：とても にぎやかです。

4 그림을 보고 빈 칸에 알맞은 문장을 만들어 보세요.

① A：パクさんの 部屋は きれいですか。

B：

② A：パクさんの 部屋は 静かですか。

B：

③ A：パクさんの いぬは 元気ですか。

B：

④ A：パクさんは ひまですか。

B：

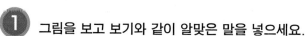

1 그림을 보고 보기와 같이 알맞은 말을 넣으세요.

보기

① ② ③

<u>うえ</u>
上
_____   _____   _____   _____

④ ⑤ ⑥ ⑦

_____   _____   _____   _____

2 보기와 같이 빈 칸에 알맞은 조사를 넣으세요.

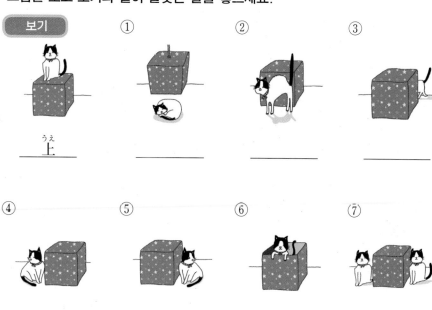

보기 私（わたし） は 学生（がくせい）です。

① A：部屋（へや）□ テレビ □ ありますか。
   B：いいえ、ありません。

② A：ソファ □ 上（うえ）□ 何（なに）□ いますか。
   B：いぬ □ います。

③ A：ジュース □ どこ □ ありますか。
   B：冷蔵庫（れいぞうこ）□ 中（なか）□ あります。

④ A：あそこ □ お店（みせ）□ ありますね。 あれ □ 何（なん）ですか。
   B：コンビニです。

3 그림을 보고 보기와 같이 빈 칸에 알맞은 문장을 넣으세요.

보기1 　時計は ベッドの 上に あります。

보기2 　ベッドの 上に 時計が あります。

① 花は 　〔　　　　　　　　　　　　〕

② いぬは 　〔　　　　　　　　　　　　〕

③ いすの 　〔　　　　　　　　　　　　〕

④ ベッドの 　〔　　　　　　　　　　　　〕

4 다음 질문에 각자 대답해 보세요.

① かばんは どこに ありますか。
　〔　　　　　　　　　　　　　　　　〕

② かばんの 中に 何が ありますか。
　〔　　　　　　　　　　　　　　　　〕

③ つくえの 上に 何が ありますか。
　〔　　　　　　　　　　　　　　　　〕

④ 携帯電話は どこに ありますか。
　〔　　　　　　　　　　　　　　　　〕

1 아래의 표를 완성하세요.

～ます	～ません	그룹	기본형
かいます			
ききます			
			よむ
	かえりません		
みます			
			たべる
	いきません		
	べんきょうしません		

2 보기와 같이 빈 칸에 알맞은 조사를 넣으세요.

보기 勉強 を します。

① 7時 ⬜ 起きます。

② 昼ご飯 ⬜ 食べます。

③ 学校 ⬜ 行きます。

④ 図書館 ⬜ 本 ⬜ 読みます。

③ 보기와 같이 빈 칸에 알맞은 말을 넣으세요.

> **보기**　A：[　どこ　] へ 行きますか。
>
> 　　　　B：デパートへ 行きます。

① A：[　　　　] を 食べますか。

　　B：おでんを 食べます。

② A：[　　　　] で 買いますか。

　　B：コンビニで 買います。

③ A：[　　　　] に うちへ 帰りますか。

　　B：6時に 帰ります。

④ 다음 질문에 각자 대답해 보세요.

① 朝 何時に 起きますか。

[　　　　　　　　　　　　　　　　　　　　]

② どこで 本を 読みますか。

[　　　　　　　　　　　　　　　　　　　　]

③ クラシック音楽を 聞きますか。

[　　　　　　　　　　　　　　　　　　　　]

④ 日曜日に 何を しますか。

[　　　　　　　　　　　　　　　　　　　　]

1 아래의 표를 완성하세요.

기본형	～ます	～ません	～ました	～ませんでした
			かいました	
		おきません		
のむ				
				かえりませんでした
		ねません		
つくる				
			いきました	
	べんきょうします			

2 보기와 같이 빈 칸에 알맞은 문장을 넣으세요.

보기　A：朝ご飯を 食べましたか。

　　　B：はい、食べました。

① A：昨日 本を 読みましたか。

　 B：いいえ、

② A：図書館で 勉強しましたか。

　 B：いいえ、

③ A：昨日は どこへ

　 B：デパートへ 行きました。

④ A：デパートで 何か 買いましたか。

　 B：いいえ、

❸ 그림을 보고 보기와 같이 빈 칸에 알맞은 말을 넣으세요.

カリンさんの昨日_{きのう}のスケジュール

보기 ① ②

③ ④ ⑤

보기 8時_{はちじ}　に　朝ご飯_{あさ はん}　を　食べました_た。

① 9時_{くじ} 　　　 1時_{いちじ} 　　　 本_{ほん} 　　　

② 友達_{ともだち} 　　 コーヒー 　　　

③ デパート 　　 かさ 　　　

④ 6時_{ろくじ} 　　 うち 　　　

⑤ お母さん_{かあ} 　　 晩ご飯_{ばん はん}

Exercises

Lesson **13**

1 빈 칸에 알맞은 조사를 넣으세요.

① ジナさん ▢ お母さん ▢ 山登り ▢ 好きです。

② 昔 ▢ テニス ▢ 上手でした。

③ お父さん ▢ 趣味 ▢ 料理です。

④ ジナさん ▢ 去年 お父さん ▢ お菓子 ▢ 作りました。

2 보기와 같이 빈 칸에 알맞은 문장을 만들어 보세요.

보기

A：ケーキは どうでしたか。

B：とても おいしかったです。

① ②  ③  ④

難しい　　　　上手だ　　　　忙しい　　　　きれいだ

① A：試験は どうでしたか。

　 B：とても ▢

② A：コンサートは どうでしたか。

　 B：とても ▢

③ A：あの レストランは どうでしたか。

　 B：あまり ▢

④ A：あそこの 公園は どうでしたか。

　 B：あまり ▢

③ 다음 질문에 각자 대답해 보세요.

① あなたの お父さんは お酒が 好きですか。

② あなたの お母さんは スキーが 上手ですか。

③ 昨日の 勉強は 楽しかったですか。

④ 昨日は 寒かったですか。

1 아래의 표를 완성하세요.

します	したいです	したくないです
食^たべます		
見^みます		
読^よみます		
行^いきます		
使^{つか}います		

2 그림을 보고 보기와 같이 알맞은 문장을 만들어 보세요.

보기

私^{わたし}は コーヒーが 飲^のみたいです。

①
映画^{えいが}/見^みる

②
テニス/する

③
コンサートー/行^いく

④
うち/帰^{かえ}る

①
②
③
④

3 그림을 보고 보기와 같이 알맞은 문장을 만들어 보세요.

보기

この ボールペンは 書_かきやすいです。

① 自転車_{じ てんしゃ}/乗_のる

② ベッド/寝_ねる

③ ラーメン/食_たべる

④ 運動靴_{うんどうぐつ}/歩_{ある}く

①
②
③
④

동양북스 채널에서 더 많은 도서
더 많은 이야기를 만나보세요!

▶ 유튜브

인스타그램

블로그

포스트

페이스북

카카오뷰

외국어 출판 45년의 신뢰
외국어 전문 출판 그룹
동양북스가 만드는 책은 다릅니다.

45년의 쉼 없는 노력과 도전으로 책 만들기에 최선을 다해온
동양북스는 오늘도 미래의 가치에 투자하고 있습니다.
대한민국의 내일을 생각하는 도전 정신과 믿음으로 최선을 다하겠습니다.

📖 동양북스

새로운

아나타노 일본어
펜맨십

あなたの

동양북스

새로운

아나타노 일본어
펜맨십

동양북스

| あ
아[a] | 一 | 十 | あ | あ | あ | あ | あ |
| | | | | | | | |

| い
이[i] | い | い | い | い | い | い | い |
| | | | | | | | |

| う
우[u] | ` | う | う | う | う | う | う |
| | | | | | | | |

| え
에[e] | ` | え | え | え | え | え | え |
| | | | | | | | |

| お
오[o] | ` | お | お | お | お | お | お |
| | | | | | | | |

か	つ	カ	か	か	か	か	か
카[ka]							

き	`	` =	キ	き	き	き	き
키[ki]							

く	く	く	く	く	く	く	く
쿠[ku]							

け	し	に	け	け	け	け	け
케[ke]							

こ	こ	こ	こ	こ	こ	こ	こ
코[ko]							

| さ
사[sa] | ー | さ | さ | さ | さ | さ | さ |
| | | | | | | | |

| し
시[si] | し | し | し | し | し | し | し |
| | | | | | | | |

| す
스[su] | ー | す | す | す | す | す | す |
| | | | | | | | |

| せ
세[se] | ー | ナ | せ | せ | せ | せ | せ |
| | | | | | | | |

| そ
소[so] | そ | そ | そ | そ | そ | そ | そ |
| | | | | | | | |

た	ー	ナ	た	た	た	た	た
타[ta]							

ち	ー	ち	ち	ち	ち	ち	ち
치[chi]							

つ	つ	つ	つ	つ	つ	つ	つ
츠[tsu]							

て	て	て	て	て	て	て	て
테[te]							

と	ヽ	と	と	と	と	と	と
토[to]							

히라가나
청음

| **な** 나[na] | 一 | ナ | た | な | な | な | な |
| | | | | | | | |

| **に** 니[ni] | 丨 | に | に | に | に | に | に |
| | | | | | | | |

| **ぬ** 누[nu] | ヽ | ぬ | ぬ | ぬ | ぬ | ぬ | ぬ |
| | | | | | | | |

| **ね** 네[ne] | 丨 | ね | ね | ね | ね | ね | ね |
| | | | | | | | |

| **の** 노[no] | の | の | の | の | の | の | の |
| | | | | | | | |

6

は	し	に	は	は	は	は	は
하[ha]							

ひ	ひ	ひ	ひ	ひ	ひ	ひ	ひ
히[hi]							

ふ	`	う	ふ	ふ	ふ	ふ	ふ
후[hu]							

へ	へ	へ	へ	へ	へ	へ	へ
헤[he]							

ほ	し	に	に	ほ	ほ	ほ	ほ
호[ho]							

ま 마[ma]	一	二	ま	ま	ま	ま	ま

み 미[mi]	み	み	み	み	み	み	み

む 무[mu]	一	む	む	む	む	む	む

め 메[me]	\	め	め	め	め	め	め

も 모[mo]	し	も	も	も	も	も	も

8

や	つ	う	や	や	や	や	や
야[ya]							

ゆ	い	ゆ	ゆ	ゆ	ゆ	ゆ	ゆ
유[yu]							

よ	`	よ	よ	よ	よ	よ	よ
요[yo]							

쓰기 어려운 글자 연습

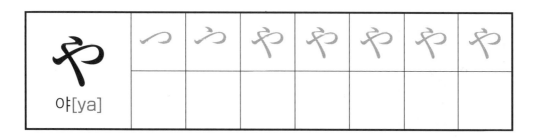

え	お	そ
에	오	소
な	ぬ	み
나	누	미

히라가나
청음

ら	`	ら	ら	ら	ら	ら	ら
라[ra]							

り	ヽ	り	り	り	り	り	り
리[ri]							

る	る	る	る	る	る	る	る
루[ru]							

れ	↓	れ	れ	れ	れ	れ	れ
레[re]							

ろ	ろ	ろ	ろ	ろ	ろ	ろ	ろ
로[ro]							

わ 와[wa]	l	わ	わ	わ	わ	わ	わ

を 오[o]	一	ナ	を	を	を	を	を

ん 응[N]	ん	ん	ん	ん	ん	ん	ん

め	ひ	る
메	히	루
れ	わ	を
레	와	오

11

| ア | ⁻ | ア | ア | ア | ア | ア | ア |
| 아[a] | | | | | | | |

| イ | ノ | イ | イ | イ | イ | イ | イ |
| 이[i] | | | | | | | |

| ウ | ` | ゛ | ウ | ウ | ウ | ウ | ウ |
| 우[u] | | | | | | | |

| エ | 一 | T | エ | エ | エ | エ | エ |
| 에[e] | | | | | | | |

| オ | 一 | 寸 | オ | オ | オ | オ | オ |
| 오[o] | | | | | | | |

カ カ[ka]	フ	カ	カ	カ	カ	カ	カ

キ キ[ki]	一	二	キ	キ	キ	キ	キ

ク 쿠[ku]	ノ	ク	ク	ク	ク	ク	ク

ケ 케[ke]	ノ	ト	ケ	ケ	ケ	ケ	ケ

コ 코[ko]	기	コ	コ	コ	コ	コ	コ

サ	一	ナ	サ	サ	サ	サ	サ
사[sa]							

シ	`	﹅	シ	シ	シ	シ	シ
시[si]							

ス	フ	ス	ス	ス	ス	ス	ス
스[su]							

セ	一	セ	セ	セ	セ	セ	セ
세[se]							

ソ	`	ソ	ソ	ソ	ソ	ソ	ソ
소[so]							

タ	ノ	ク	タ	タ	タ	タ	タ
타[ta]							

チ	一	二	チ	チ	チ	チ	チ
치[chi]							

ツ	丶	丷	ツ	ツ	ツ	ツ	ツ
츠[tsu]							

テ	一	二	テ	テ	テ	テ	テ
테[te]							

ト	丨	ト	ト	ト	ト	ト	ト
토[to]							

ナ	一	ナ	ナ	ナ	ナ	ナ	ナ
나[na]							

ニ	一	二	二	二	二	二	二
니[ni]							

ヌ	フ	ヌ	ヌ	ヌ	ヌ	ヌ	ヌ
누[nu]							

ネ	丶	ラ	ネ	ネ	ネ	ネ	ネ
네[ne]							

ノ	ノ	ノ	ノ	ノ	ノ	ノ	ノ
노[no]							

ハ	ノ	ハ	ハ	ハ	ハ	ハ	ハ
하[ha]							

ヒ	´	ヒ	ヒ	ヒ	ヒ	ヒ	ヒ
히[hi]							

フ	フ	フ	フ	フ	フ	フ	フ
후[hu]							

ヘ	ヘ	ヘ	ヘ	ヘ	ヘ	ヘ	ヘ
헤[he]							

ホ	一	ナ	オ	ホ	ホ	ホ	ホ
호[ho]							

| マ | ㄱ | マ | マ | マ | マ | マ | マ |
| マ
마[ma] | | | | | | | |

| ミ | ` | = | ミ | ミ | ミ | ミ | ミ |
| ミ
미[mi] | | | | | | | |

| ム | ㄴ | ム | ム | ム | ム | ム | ム |
| ム
무[mu] | | | | | | | |

| メ | ノ | メ | メ | メ | メ | メ | メ |
| メ
메[me] | | | | | | | |

| モ | ー | 二 | モ | モ | モ | モ | モ |
| モ
모[mo] | | | | | | | |

ヤ	ヿ	ヤ	ヤ	ヤ	ヤ	ヤ	ヤ
야[ya]							

ユ	ㄱ	ユ	ユ	ユ	ユ	ユ	ユ
유[yu]							

ヨ	ㄱ	ㅋ	ヨ	ヨ	ヨ	ヨ	ヨ
요[yo]							

헷갈리는 글자 똑바로 쓰기

シ	ツ		コ	ユ
시	츠		코	유
オ	ネ		ホ	モ
오	네		호	모

ラ 라[ra]	ー	ラ	ラ	ラ	ラ	ラ	ラ

リ 리[ri]	㇉	リ	リ	リ	リ	リ	リ

ル 루[ru]	ノ	ル	ル	ル	ル	ル	ル

レ 레[re]	レ	レ	レ	レ	レ	レ	レ

ロ 로[ro]	｜	㇆	ロ	ロ	ロ	ロ	ロ

ワ	ヽ	ワ	ワ	ワ	ワ	ワ	ワ
와[wa]							

ヲ	フ	ヲ	ヲ	ヲ	ヲ	ヲ	ヲ
오[o]							

ン	ヽ	ン	ン	ン	ン	ン	ン
응[n]							

헷갈리는 글자 똑바로 쓰기

ソ ン   ラ ヲ
소 응   라 오

히라가나
탁음

が	つ	カ	か	か	が	が	が
가[ga]							

ぎ	ー	ニ	キ	き	き	ぎ	ぎ
기[gi]							

ぐ	く	ぐ	ぐ	ぐ	ぐ	ぐ	ぐ
구[gu]							

げ	し	しー	け	げ	げ	げ	げ
게[ge]							

ご	ー	こ	ご	ご	ご	ご	ご
고[go]							

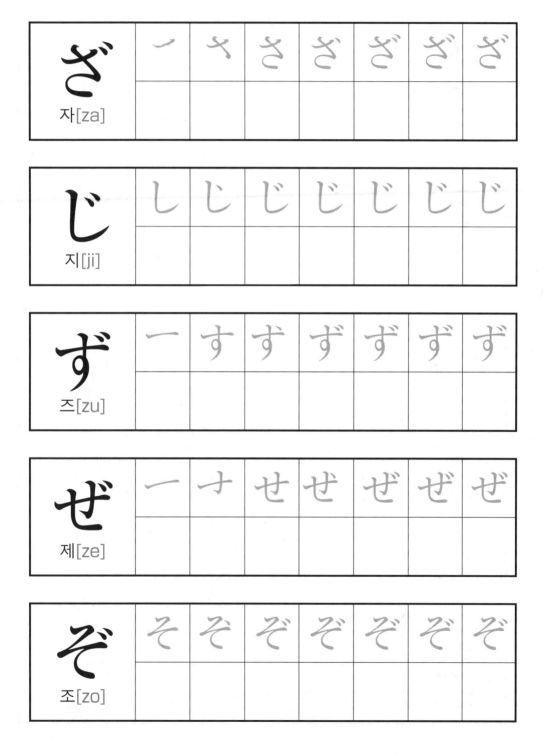

ざ 자[za]	丶	ナ	さ	ざ	ざ	ざ	ざ

じ 지[ji]	し	し	じ	じ	じ	じ	じ

ず 즈[zu]	一	す	ず	ず	ず	ず	ず

ぜ 제[ze]	一	ナ	せ	ぜ	ぜ	ぜ	ぜ

ぞ 조[zo]	ぞ	ぞ	ぞ	ぞ	ぞ	ぞ	ぞ

だ 다[da]	ー	ナ	た	た	だ	だ	だ

ぢ 지[ji]	ー	ち	ち	ぢ	ぢ	ぢ	ぢ

づ 즈[zu]	つ	づ	づ	づ	づ	づ	づ

で 데[de]	て	て	で	で	で	で	で

ど 도[do]	ヽ	と	と	ど	ど	ど	ど

ば 바[ba]	ぃ	に	は	は	ば	ば	ば

び 비[bi]	ひ	び	び	び	び	び	び

ぶ 부[bu]	ˋ	ふ	ふ	ふ	ぶ	ぶ	ぶ

べ 베[be]	へ	べ	べ	べ	べ	べ	べ

ぼ 보[bo]	ぃ	に	に	ほ	ほ	ぼ	ぼ

가타카나
탁음

ガ	フ	カ	ガ	ガ	ガ	ガ
가[ga]						

ギ	ー	ニ	キ	キ	ギ	ギ	ギ
기[gi]							

グ	ノ	ク	グ	グ	グ	グ	グ
구[gu]							

ゲ	ノ	ノ	ケ	ケ	ゲ	ゲ	ゲ
게[ge]							

ゴ	フ	コ	ゴ	ゴ	ゴ	ゴ	ゴ
고[go]							

ザ 자[za]	一	十	サ	ザ	ザ	ザ	ザ

ジ 지[ji]	`	` `	シ	シ	ジ	ジ	ジ

ズ 즈[zu]	フ	ス	ズ	ズ	ズ	ズ	ズ

ゼ 제[ze]	一	セ	ゼ	ゼ	ゼ	ゼ	ゼ

ゾ 조[zo]	`	ソ	ゾ	ゾ	ゾ	ゾ	ゾ

| ダ
다[da] | ノ | ク | タ | タ | ダ | ダ | ダ |
| | | | | | | | |

| ヂ
지[ji] | 一 | 二 | チ | チ | ヂ | ヂ | ヂ |
| | | | | | | | |

| ヅ
즈[zu] | 丶 | 丶丶 | ツ | ツ | ヅ | ヅ | ヅ |
| | | | | | | | |

| デ
데[de] | 一 | 二 | テ | テ | デ | デ | デ |
| | | | | | | | |

| ド
도[do] | l | ト | ト | ド | ド | ド | ド |
| | | | | | | | |

バ	ノ	ハ	バ	バ	バ	バ	バ
바[ba]							

ビ	ノ	ヒ	ビ	ビ	ビ	ビ	ビ
비[bi]							

ブ	フ	ブ	ブ	ブ	ブ	ブ	ブ
부[bu]							

ベ	ヘ	ベ	ベ	ベ	ベ	ベ	ベ
베[be]							

ボ	一	ナ	オ	ホ	ホ	ボ	ボ
보[bo]							

히라가나
반탁음

ぱ 파[pa]	し	に	は	ぱ	ぱ	ぱ	ぱ

ぴ 피[pi]	ひ	ぴ	ぴ	ぴ	ぴ	ぴ	ぴ

ぷ 푸[pu]	`	ら	ふ	ふ	ぷ	ぷ	ぷ

ぺ 페[pe]	ヘ	ペ	ペ	ペ	ペ	ペ	ペ

ぽ 포[po]	し	に	に	ほ	ぽ	ぽ	ぽ

パ	ノ	ハ	パ	パ	パ	パ	パ
파[pa]							

ピ	ˊ	ヒ	ピ	ピ	ピ	ピ	ピ
피[pi]							

プ	フ	プ	プ	プ	プ	プ	プ
푸[pu]							

ペ	ヘ	ペ	ペ	ペ	ペ	ペ	ペ
페[pe]							

ポ	一	ナ	オ	ホ	ポ	ポ	ポ
포[po]							

きゃ	きゃ	きゅ	きゅ	きょ	きょ
캬[kya]		큐[kyu]		쿄[kyo]	

ぎゃ	ぎゃ	ぎゅ	ぎゅ	ぎょ	ぎょ
갸[gya]		규[gyu]		교[gyo]	

しゃ	しゃ	しゅ	しゅ	しょ	しょ
샤[sya]		슈[syu]		쇼[syo]	

じゃ	じゃ	じゅ	じゅ	じょ	じょ
쟈[zya]		쥬[zyu]		죠[zyo]	

ちゃ	ちゃ	ちゅ	ちゅ	ちょ	ちょ
챠[cha]		츄[chu]		쵸[cho]	

にゃ	にゃ	にゅ	にゅ	にょ	にょ
냐[nya]		뉴[nyu]		뇨[nyo]	

ひゃ	ひゃ	ひゅ	ひゅ	ひょ	ひょ
햐[hya]		휴[hyu]		효[hyo]	

びゃ	びゃ	びゅ	びゅ	びょ	びょ
뱌[bya]		뷰[byu]		뵤[byo]	

ぴゃ	ぴゃ	ぴゅ	ぴゅ	ぴょ	ぴょ
퍄[pya]		퓨[pyu]		표[pyo]	

みゃ	みゃ	みゅ	みゅ	みょ	みょ
먀[mya]		뮤[myu]		묘[myo]	

りゃ	りゃ	りゅ	りゅ	りょ	りょ
랴[rya]		류[ryu]		료[ryo]	

キャ	キャ	キュ	キュ	キョ	キョ
캬[kya]		큐[kyu]		쿄[kyo]	

ギャ	ギャ	ギュ	ギュ	ギョ	ギョ
갸[gya]		규[gyu]		교[gyo]	

シャ	シャ	シュ	シュ	ショ	ショ
샤[sya]		슈[syu]		쇼[syo]	

ジャ	ジャ	ジュ	ジュ	ジョ	ジョ
쟈[zya]		쥬[zyu]		죠[zyo]	

チャ	チャ	チュ	チュ	チョ	チョ
챠[cha]		츄[chu]		쵸[cho]	

ニャ	ニャ	ニュ	ニュ	ニョ	ニョ
냐[nya]		뉴[nyu]		뇨[nyo]	

ヒャ	ヒャ	ヒュ	ヒュ	ヒョ	ヒョ
햐[hya]		휴[hyu]		효[hyo]	

ビャ	ビャ	ビュ	ビュ	ビョ	ビョ
뱌[bya]		뷰[byu]		뵤[byo]	

ピャ	ピャ	ピュ	ピュ	ピョ	ピョ
퍄[pya]		퓨[pyu]		표[pyo]	

ミヤ	ミヤ	ミュ	ミュ	ミヨ	ミヨ
먀[mya]		뮤[myu]		묘[myo]	

リャ	リャ	リュ	リュ	リョ	リョ
랴[rya]		류[ryu]		료[ryo]	

www.dongyangbooks.com

www.nihongobank.co.kr